DIE 5 SÄULEN DES REIKI

65 Techniken und Hinweise zur Energiearbeit für Einsteiger. So nutzen Sie die Magie Ihrer Hände und entfesseln neue Lebensenergie

MONIQUE WAGNER

Inhaltsverzeichnis

Einführung

Sie haben schon immer geglaubt, dass alles im Universum miteinander verbunden ist. Vielleicht stehen Sie vor einem herausfordernden Kapitel in Ihrem Leben und sind endlich an einem Punkt angelangt, an dem Sie diese Verbindung besser verstehen wollen, damit Sie Ihre Macht zurückgewinnen, bessere Lebensentscheidungen treffen und mit Ihrem höheren Selbst in Kontakt kommen können. Tief in Ihrem Inneren wissen Sie, dass die Realität mehr beinhaltet als das, was in vielen modernen Kulturen gelehrt wird. Das bedeutet wahrscheinlich auch, dass Sie daran interessiert sind, die esoterische und spirituelle Welt zu erforschen, damit Sie kraftvoller und erleuchteter werden können. In diesem Buch werde ich die fünf Säulen von Reiki mit Ihnen teilen. Diese können die Art und Weise prägen, wie Sie die Lebenskraft und die spirituelle Energie, die in Ihnen und um Sie herum ist, verstehen. Neben den wissenschaftlichen Grundlagen der Energieheilung erhalten Sie auch Strategien und praktische Ratschläge, die Sie in Ihrem eigenen Leben und im Leben anderer leicht anwenden können.

Leider gehören Stress und Krankheiten zu unserem hektischen Alltag. Als jemand, der in einer skandinavischen Familie mit neuheidnischen

Wurzeln geboren und aufgewachsen ist, kenne ich verschiedene Möglichkeiten, mit diesen Schwierigkeiten umzugehen, ohne auf Medikamente zurückzugreifen. Auch ich habe schon einmal unter Burnout gelitten und mich deshalb dem Studium verschiedener Heilmethoden gewidmet. Auf meiner Reise habe ich viel medizinisches Wissen aus metaphysischen Praktiken und okkulten Traditionen aus der ganzen Welt gelernt. Ich bin auch eine Empathin, und deshalb habe ich es mir zur Lebensaufgabe gemacht, meine Erfahrungen und jahrelangen umfangreichen Forschungen mit denjenigen zu teilen, die Heilung brauchen.

Ich habe dieses Buch geschrieben, um die darin enthaltenen Informationen jedem zugänglich zu machen, der mehr über die Kraft von Reiki erfahren und lernen möchte. Welchen körperlichen, geistigen oder emotionalen Stress Sie auch immer gerade erleben, ich glaube, dass Reiki das Potenzial hat, Ihnen zu helfen, ihn anzugehen und sogar zu heilen. Jeder Mensch – auch Sie – hat bereits eine kraftvolle Heilenergie in sich: Sie haben alles in der Hand, und *Sie* sind in der Lage, Ihr Leben zu verändern. Dieses Buch wird Ihnen dabei helfen, indem es Sie auf Ihrer spirituellen Reise begleitet. Alles, was von Ihnen verlangt wird, ist, die Energie des Universums anzuzapfen und ihre Heilkraft durch Ihre Hände fließen zu lassen.

Dieses Buch bietet einen einfachen, aber kraftvollen und eleganten Zugang zu Reiki. Es ist in fünf Säulen unterteilt, die jeweils einen anderen Aspekt dieser alten Praxis behandeln. Säule 1 erörtert die Grundlagen, die Geschichte und die Vorteile dieser Form der Energieheilung, während Säule 2 und 3 tiefer in die verschiedenen Elemente der Reiki-Heilung und den Prozess eintauchen, um sich auf die Energie, die uns umgibt, einzustimmen. Säule 4 schult Sie in der Kunst der Selbstheilung; und schließlich gibt Ihnen Säule 5 konkrete Strategien und praktische Ratschläge, die Sie zur Selbstheilung nutzen können. Durch die Lektüre dieses Buches werden Sie die Natur der Energie verstehen lernen, die dem höchsten und größten Wohl dient, und wie dieses Wissen Heilung bewirken kann. Außerdem ist es perfekt für Anfänger geeignet, weil es Ihnen alle Informationen gibt, die Sie brauchen, um Ihre Reise zu einem gesünderen und erfüllteren Selbst zu beginnen.

Dank der in diesem Buch beschriebenen Techniken war ich in der Lage, die universelle Kraft der Energieheilung zu erschließen. Ich habe gelernt, dass sie Leben verändern und bis zu einem gewissen Grad die Energie des Planeten und des Universums positiv beeinflussen kann. Beim spirituellen Erwachen geht es darum, Ihre göttliche Bestimmung zu finden und mit Ihrem höheren Selbst in Kontakt zu treten, und das Ziel dieses Buches ist es, Sie auf Ihrer Reise zu unterstützen. Unabhängig davon, wo Sie sich in Ihrem Leben oder auf Ihrem Weg befinden, kann dieses Buch als Leitfaden auf der Suche nach Selbstbestimmung, Heilung und Erkenntnis dienen. Es ermöglicht Ihnen, die allgemeinen Prinzipien und Praktiken von Reiki zu erforschen und zu erfahren, wie dieses Wissen genutzt werden kann, um die energetischen Ungleichgewichte zu korrigieren, die körperlichen, geistigen und emotionalen Stress verursachen können.

Die im Folgenden beschriebenen Techniken und Strategien führen nachweislich zu unglaublichen Ergebnissen für diejenigen, die sich auf die Energie von Reiki einlassen. Jedes Kapitel in diesem Buch zielt darauf ab, Sie über verschiedene Theorien und Aspekte zu unterrichten, die Sie auf Ihrer eigenen spirituellen Reise nutzen können, um sich selbst und die Menschen um Sie herum besser zu verstehen und zu heilen. Sie hatten die ganze Zeit recht – alles im Universum ist miteinander verbunden, und Sie können diese Tatsache nutzen, um sich von körperlichen, geistigen und emotionalen Schmerzen zu befreien und das Leben zu führen, von dem Sie immer geträumt haben.

Bitte beachten Sie, dass die Reiki-Heilung nicht als Ersatz für die konventionelle westliche Medizin verwendet werden sollte, sondern eher als Ergänzung dazu. Wenn Sie sich in irgendeiner Form in Behandlung befinden, konsultieren Sie bitte einen Arzt, bevor Sie Änderungen an Ihrem Behandlungsplan vornehmen.

Säule 1:
Grundlagen

Kapitel 1:
Was ist Reiki?

Die Popularität von Reiki im modernen Westen nimmt weiter zu, und das nicht ohne Grund, denn Reiki als Form der Energieheilung wirkt. Doch obwohl immer mehr Menschen Reiki nutzen, um ihre Beschwerden zu heilen, verstehen viele von uns immer noch nicht ganz, worum es bei dieser uralten Praxis geht. Das folgende Kapitel soll einen breiten Überblick darüber geben, was Reiki ist und wie es funktioniert. Es ist eine Einführung in viele der Konzepte, die später in diesem Buch beschrieben werden – und es ist auch der Beginn Ihrer Reise mit Reiki!

Definition

Das Wort *Reiki* taucht in der westlichen Welt immer häufiger auf, aber woher kommt es eigentlich? Ursprünglich stammt der Begriff aus dem Japanischen und setzt sich aus den Wörtern *rei,* was „universell" bedeutet, und *ki, qi* oder *chi zusammen,* was die Lebenskraft bezeichnet, die allen Lebewesen innewohnt (Anderson & Wolk-Weiss, 2008). Viele östliche Philosophien sind der Ansicht, dass diese Lebenskraft alles Leben belebt und dass ohne sie keine Existenz möglich wäre. Außerdem ist diese Energie das, was uns alle miteinander verbindet, nicht nur untereinander, sondern auch mit dem Universum als Ganzem. Wie in einem Ökosystem herrscht im Fluss dieser Energie ein Gleichgewicht. Wenn dieser Fluss bei einem Menschen blockiert, unterbrochen oder unausgewogen wird, führt dies zu den verschiedenen körperlichen, geistigen und emotionalen Beschwerden, unter denen so viele Menschen leiden.

Die vitale Lebensenergie, von der alle Menschen durchdrungen sind, fließt in Bahnen durch uns. Wenn diese Bahnen blockiert werden, wird unser Energiefluss gehemmt und das System gerät aus dem Gleichgewicht. In unserem modernen Leben kann die uns innewohnende Energie leicht gestört werden, und das Ergebnis ist eine lange Liste von körperlichen, geistigen und emotionalen Beschwerden, die vielen Menschen unglaubliches Leid zufügen. Studien zeigen, dass die Welt derzeit mit einer „globalen Krise der psychischen Gesundheit" konfrontiert ist und mehr Menschen als je zuvor an Krankheiten wie Depressionen, Angstzuständen, chronischem Stress und Müdigkeit leiden (Weltgesundheitsorganisation, 2022). Es gibt viele Gründe, warum die Welt so aussieht, aber einer der offensichtlichsten Gründe ist, dass wir immer mehr Spannungen ausgesetzt sind, da unser Leben unnatürlich hektisch und stressig geworden ist. Infolgedessen ist unsere lebenswichtige, lebensspendende Energie ins Ungleichgewicht geraten, und das hat schmerzhafte Folgen.

Im Kern ist Reiki eine energiebasierte Form der Heilung, bei der durch sanfte Berührung mit den Händen Energie von einer Person – oder einem Ort in Ihrem Körper – auf eine andere Person – oder einen anderen Ort im Körper – übertragen wird (Rosenbaum, 2020). Es geht also darum, das energetische Gleichgewicht im Körper wiederherzustellen und Blockaden zu lösen, damit die Energie frei und harmonisch fließen kann und Heilung möglich wird. Da sich Reiki auf die

Lebensenergie des Einzelnen konzentriert, kann es als eine Form der Energieheilung oder *Energiemedizin* angesehen werden. Wie andere Praktiken dieser Art – einschließlich *Qigong, Zen Shiatsu,* Meditation und Prana-Heilung – stützt sich Reiki auf die universelle Energie, die das Leben belebt. Im Gegensatz zu vielen zeitgenössischen westlichen medizinischen Praktiken gilt Reiki als Kunstform – und um in die „Kunst des Heilens" voll einzusteigen, ist es wichtig, ein offenes Herz und einen offenen Geist zu haben.

Wie funktioniert es?

In vielen östlichen Philosophien glaubt man, dass die *Ki- oder* Lebensenergie, die den menschlichen Körper belebt, funktioniert, indem sie ständig Energie aus der Umgebung aufnimmt. Dies geschieht zum einen durch die Atmung, die auch als *Prana* bezeichnet wird. Ein anderer Weg führt über die *Chakren,* ein Sanskrit-Begriff, der „Räder des Lebens" bedeutet (Judith, 2016). Das Ziel der Chakren ist es, vitale Lebensenergie aus dem Universum aufzunehmen, ähnlich wie ein sich drehender Tornado Luft ansaugt. Die Bewegung dieser „Räder" kann jedoch langsamer oder auf verschiedene Weise blockiert werden, wenn wir altern oder gestresst sind. Die daraus resultierende Veränderung in unserer Energieaufnahme verursacht die vielen körperlichen, geistigen und emotionalen Ungleichgewichte, unter denen viele Menschen leiden. Das Verständnis der Chakren ist ein wesentlicher Bestandteil von Reiki, und sie werden in Kapitel 7 ausführlicher behandelt.

Der Körper beherbergt sieben Chakren, die alle mit den Energieleitbahnen verbunden sind, die durch den Körper fließen (Stelter, 2016). Das Ziel von Reiki ist es, sich auf die Energiebahnen zu konzentrieren, die durch einen einzelnen Menschen fließen, und diese wieder ins Gleichgewicht zu bringen. In einer traditionellen Sitzung legt der Reiki-Praktizierende seine Hände an verschiedenen Stellen auf den Körper des Patienten, wobei er mit dem Kopf beginnt und sich nach unten bewegt. Auf diese Weise soll festgestellt werden, wo der Energiefluss blockiert oder gestört ist. Gleichzeitig zieht der Praktizierende durch das Auflegen der Hände Energie aus dem Universum an und leitet sie direkt an die Stellen im Körper, an denen Heilung erforderlich ist. Da die Praktizierenden die Energie aus dem Universum durch ihre Absicht aufnehmen, müssen sie ein offenes Herz und einen offenen Geist haben.

Es gibt keine vorgegebenen Zeitintervalle, die dem Praktizierenden vorschreiben, wie lange er seine Hände an einer bestimmten Stelle halten soll. Stattdessen spüren sie intuitiv, wo Heilung nötig ist, und konzentrieren sich speziell auf diese Bereiche. Das bedeutet, dass ein Praktizierender seinem Patienten genau das geben kann, was er braucht, und nicht das, was er glaubt, dass der Patient es braucht. Darüber hinaus profitieren Praktizierender und Patient in diesem Prozess gegenseitig: Während der Patient Heilung erfährt, kann der Praktizierende seine eigene Lebensenergie stärken, indem er als Kanal für die Übertragung von Energie auf den Patienten fungiert. Aus diesem Grund werden viele Praktizierende ermutigt, Reiki nicht nur bei ihren Patienten, sondern auch bei sich selbst anzuwenden.

Studien zeigen, dass es eine Verbindung zwischen Körper, Geist und Seele gibt und dass die Heilung in einem dieser Bereiche unweigerlich mit der Heilung in einem anderen verbunden ist (Bhogal, 2020). So können beispielsweise körperliche Beschwerden wie Kopfschmerzen ihre Ursache in einem emotionalen oder geistigen Ungleichgewicht wie Stress haben. In ähnlicher Weise führt die Behandlung geistiger Ungleichgewichte wie Depressionen häufig zu einer allgemeinen Verbesserung der körperlichen Gesundheit des Einzelnen. Daher liegt der Schwerpunkt der Reiki-Praktiken zwar auf dem Körper, aber es geht um weit mehr als um rein körperliche Aspekte oder Beschwerden.

Reiki zielt nicht nur auf die Heilung einer Vielzahl von körperlichen, geistigen und spirituellen Beschwerden ab, sondern ist auch ein Ausdruck der spirituellen Verbindung des Einzelnen mit dem Rest der Welt. Um als Kanal für die Übertragung von Energie aus dem Universum auf den Einzelnen zu fungieren, muss ein Praktizierender daher mit der Lebensenergie der Welt verbunden sein. Um diese Energie zu empfangen, muss er mit Körper, Geist und Seele dafür offen sein.

Reiki ist äußerst kraftvoll, und das macht es zu einer attraktiven Form der Heilung. Es ist außerdem nicht invasiv, natürlich und sicher und wird daher weder Ihrem Körper noch Ihrem Geist schaden. Obwohl es sich um eine auf Berührung basierende Therapieform handelt, sind keine Massage, kein Druck und keine körperliche Manipulation in den Heilungsprozess eingebunden. Dennoch kann der Patient während der Behandlung Empfindungen wie Kribbeln, Pulsieren oder Wärme verspüren. Diese Empfindungen sind nicht schädlich, sondern lediglich physische Manifestationen von Energie. Reiki kann bei der Linderung von Schmerzen helfen und eine Art von emotionaler Befreiung bewirken. Es ist auch möglich, dass Sie überhaupt keine Empfindungen spüren, außer einem tiefen Gefühl der Entspannung und des Friedens – und es ist nicht ungewöhnlich, dass Menschen während einer Reiki-Sitzung einschlafen! Trotz der zunehmenden Beliebtheit von Reiki gibt es nach wie vor viele Diskussionen über energiebasierte Praktiken wie Reiki, und es gibt sogar Menschen, die glauben, dass diese Heilmethoden körperliche, geistige und spirituelle Gefahren mit sich bringen können (Locke, 2012; Sadhguru, 2015). Um jedoch Theresa Gilberti (2004, S. 480) zu zitieren: „Reiki ist weder eine Religion, ein Dogma oder ein Glaubensbekenntnis, noch kann es irgendjemandem Schaden zufügen oder verursachen."

Trotz seiner uralten Wurzeln ist Reiki in der modernen Alternativmedizin zu einer immer beliebteren Praxis geworden und wird oft in Verbindung mit anderen medizinischen Behandlungen eingesetzt, um Patienten von verschiedenen Krankheiten zu heilen (Bedosky, 2022). Obwohl der Schwerpunkt der Reiki-Heilung auf der Energieübertragung liegt, geht es auch darum, unsere Lebenskraft wieder ins Gleichgewicht zu bringen und auf diese Weise Heilung und Frieden zu erlangen. Aus diesem Grund wird es auch häufig von Menschen genutzt, die sich entspannen und neu zentrieren wollen. Es ist wichtig, sich daran zu erinnern, dass Reiki sich auf Beschwerden konzentriert, die durch Energiestörungen entstehen, und nicht auf solche, die durch äußere Traumata oder Verletzungen verursacht werden, wie Knochenbrüche und Gewebeschäden. Bei den zuletzt genannten kann Reiki jedoch den Heilungsprozess unterstützen und beschleunigen, indem es die Reaktionen des Körpers auf ein Trauma oder eine Verletzung stärkt. Ihr *Ki* bestimmt nicht nur die Leistungsfähigkeit Ihres Körpers, sondern ist auch das, was Sie beseelt und Ihnen die Fähigkeit zu leben verleiht. Wenn Sie in der Lage sind, diese Energie nach Belieben zu beeinflussen, ist die Heilkraft, die Ihnen zur Verfügung steht, fast unbegrenzt.

Kapitel 2:
Die Geschichte des Reiki

Um etwas so effektiv wie möglich nutzen zu können, müssen wir seine Ursprünge verstehen – und genau das ist das Ziel dieses Kapitels. Wenn man der Geschichte Glauben schenken darf, ist Reiki eine uralte Praxis, die für die Welt verloren ging und dann wiederentdeckt wurde (Anderson, 2008). Seitdem hat die Praxis viele Anpassungen und Veränderungen erfahren: Das Reiki, das wir heute kennen, ist nicht das Reiki von früher. Das hat jedoch keinen Einfluss auf die Wirksamkeit der Praxis; wenn überhaupt, ist die Entwicklung von Reiki im Laufe der Zeit ein Zeichen dafür, dass es in der Lage war, die oft dramatischen Veränderungen in der Kultur zu überleben. Trotz Skepsis haben einige Menschen ihr Leben der Kultivierung und Weitergabe der Heilkraft von Reiki gewidmet. Ihnen verdanken wir einen großen Teil dieser wunderbaren Praxis, die wir heute in unseren Händen halten.

Die Ursprünge der Reiki-Heilung

Wenn Sie in der Zeit zurück ins alte Tibet reisen, werden Sie den Ursprung der Reiki-Heilung finden. Obwohl nicht gut dokumentiert, geht man davon aus, dass viele tibetische Schriften nicht nur auf die spezifische Praxis des Reiki verweisen, sondern auch auf die Philosophien, die ihr zugrunde liegen (Deacon, 2003b). Alte tibetische Heilpraktiken sind im buddhistischen Gedankengut verwurzelt, das besagt, dass alle Lebewesen von einer energetischen Lebenskraft durchdrungen sind (Reshel, 2016). Außerdem besagen diese Lehren, dass körperliche, geistige und spirituelle Krankheiten miteinander verbunden sind und dass ein Geist, der frei von Unwissenheit ist, auch frei von Ungleichgewicht und Krankheit ist. Jahrelange Revolutionen, Konflikte und kulturelle Verwerfungen führten zum Verlust vieler buddhistischer Klöster und zur Inhaftierung oder zum Tod Tausender Tibeter. Infolgedessen gingen der Welt einige der alten Praktiken dieser inspirierenden Kultur für einige Zeit verloren. Glücklicherweise wurden viele dieser Lehren wieder aufgefunden und wiederentdeckt – und auf diese Weise hat die Magie von Reiki ihren Weg zurück zu uns gefunden.

Der Saihoji-Tempel in Tokio beherbergt einen großen Gedenkstein, der einem Mann namens Mikao Usui gewidmet ist und ihn als „sanftmütigen, bescheidenen und besonnenen" Menschen beschreibt, der einen unstillbaren Wissensdurst hatte (Powell, 2012, Abs. 12). Zu seinen zahlreichen Interessen gehörten Geschichte, Psychologie, Medizin, Astrologie, Wahrsagerei und Theologie. Usui interessierte sich auch leidenschaftlich für tiefgründige philosophische Fragen über die Natur der Realität und des Lebens und darüber, wie man zur Erleuchtung gelangen kann. Neben seinen Studien war Usui ein Lehrer, der sein Wissen über Spiritualität an Tausende von Schülern weitergab. Er fastete und meditierte auch regelmäßig, um den Sinn des Lebens besser zu verstehen.

In den frühen 1920er-Jahren verbrachte Usui offenbar einige Zeit in Meditation auf dem heiligen Berg Kurama (Powell, 2012). Dort entdeckte er die mächtige Energieform, die uns heute als Reiki bekannt ist – oder vielleicht entdeckte er sie nur wieder. Usui wendete diese Heilenergie zunächst bei sich selbst an, später begann er, sie mit seinen Familienmitgliedern zu teilen. Nachdem er damit viel Erfolg gehabt hatte, fing er an, auch andere damit zu heilen, und schon bald begannen die Menschen, seine Hilfe in Anspruch zu nehmen. Zu dieser Zeit war es bei vielen Heilern und Kampfkünstlern üblich, die Einzelheiten ihrer Praktiken geheim zu halten. Usui entschied sich jedoch, seine Erkenntnisse mit der Welt zu teilen, indem er andere lehrte, wie sie die Energie von Reiki nutzen konnten, um sich selbst zu heilen. Nach einem verheerenden Erdbeben in Tokio im Jahr 1923 nutzte Usui Reiki, um unzähligen von der Katastrophe betroffenen Menschen Heilung und Frieden zu bringen (Powell, 2012). Dies steigerte seinen Ruhm und seine Beliebtheit exponentiell und festigte die Popularität von Reiki in der heutigen Welt.

Usui widmete sein Leben der Entwicklung seiner Methoden und bildete auch andere in der Kunst der Energieheilung aus. Je mehr Zeit er damit verbrachte, die Heilkraft von Reiki zu erforschen, desto mehr erkannte er, dass die geistige Gesundheit genauso wichtig ist wie die körperliche Gesundheit. Außerdem stellte er fest, dass diejenigen, die durch das Praktizieren von Reiki Dankbarkeit lernten, eine bessere Gesundheit erlangen und bewahren konnten. Dies veranlasste ihn, ein System zu entwickeln, das darauf abzielt, spirituellen Fortschritt mithilfe der Prinzipien von Reiki zu lehren. Seine besonderen Lehren wurden als *Usui Reiki Ryoho* bekannt, was in etwa mit „Usuis Methode zur Behandlung und Heilung des wahren Selbst" übersetzt werden kann (Stiene, 2015b).

Usui eröffnete seine erste Übungshalle – oder *Dojo* – 1922 in Tokio (Powell, 2012). Während dieser Zeit kam er in Kontakt mit einem

Marineoffizier namens Dr. Chujiro Hayashi, der später einer seiner Schüler wurde. Hayashi eröffnete später sein eigenes Heilzentrum, in dem er auf der Arbeit seines Meisters aufbaute und die Praxis des Reiki weiterentwickelte. Er änderte allmählich Usuis spirituell ausgerichteten Ansatz zu einer Methode, die den Schwerpunkt mehr auf die körperlichen Heilwirkungen von Reiki legt. Berühmt ist auch der von ihm entwickelte „Einstimmungsprozess" der Reiki-Heilung. Auf der Grundlage seines Wissens und seines eigenen Stils schrieb Hayashi ein Handbuch, das als *Reiki Ryoho Shinshin* oder „Richtlinien für die Reiki-Heilmethode" bekannt ist (Stiene, 2015b).

Es wird weithin angenommen, dass Usui die einzige Person ist, die die moderne Welt mit Reiki bekannt gemacht hat. Es gibt jedoch historische Studien, die zeigen, dass mindestens vier andere Reiki-Stile in Japan praktiziert wurden, bevor Usui mit der Entwicklung seiner Methode begann (Rand, 2014b). Einer davon, *Reiki Ryoho*, wurde 1914 vom japanischen Therapeuten Matiji Kawakami entwickelt. Er beschrieb seine Methode und seinen Stil in dem Buch *Reiki Ryoho to Sono Koka*, was mit „Reiki und seine heilende Wirkung" übersetzt werden kann. Zu den anderen Reiki-Praktizierenden dieser Zeit gehören Reikaku Ishinuki, der die Methode *Reikan Tonetsu Ryoho* entwickelte, Kogetsu Matsubara, dessen Methode als *Senshin-ryu Reiki Ryoho* bekannt wurde, und Reisen Oyama, dem die Entwicklung der *Seido-Reishojutsu*-Methode zugeschrieben wird (Rand, 2014). Obwohl die historischen Quellen diesbezüglich unklar zu sein scheinen, wird angenommen, dass diese Reiki-Stile während der Ereignisse des Zweiten Weltkriegs verloren gegangen sind. Außerdem wird behauptet, dass Usuis Methode überlebt hat, weil sie von seinen Schülern in der ganzen Welt und insbesondere im Westen verbreitet wurde (Rand, 2014b).

Die Ausbreitung von Reiki vom Osten in den Westen

Mitte der 1930er-Jahre reiste die in Japan geborene Hwayo Takata von Hawaii in ihr Geburtsland, um ihre Familie zu besuchen (Anderson & Wolk-Weiss, 2008). Während ihres Aufenthalts litt sie an Gallensteinen und einer Blinddarmentzündung und hatte außerdem einen Tumor. Obwohl sie operiert werden sollte, überzeugte sie eine Nachricht ihres Mannes nach dessen Tod davon, alternative Behandlungsmethoden auszuprobieren. Daraufhin begab sich Takata in das Heilzentrum von Hayashi, in der Hoffnung, dass seine Methoden ihr Linderung verschaffen könnten. Vier Monate später war sie vollständig geheilt. Dies überzeugte sie vom Wert von Reiki, und sie beschloss, Hayashis Schülerin zu werden. Sie blieb bis 1936 in Japan und wurde 1938 schließlich Reiki-Lehrerin. In den nächsten 30 Jahren lehrte und praktizierte sie Reiki auf Hawaii. Außerdem brachte sie Reiki 1937 auf das amerikanische Festland und begann, dort Schüler auszubilden. Takatas Lehren waren denen ihres Meisters Hayashi sehr ähnlich, und ihre Schüler kamen aus vielen verschiedenen Ländern, darunter Nordamerika, Südamerika, Europa, Australien und Neuseeland. Durch sie verbreiteten sich die Prinzipien und Praktiken von Reiki in der übrigen westlichen Welt. Heute gibt es Tausende von Reiki-Praktizierenden auf der ganzen Welt.

Takata zog 22 Reiki-Meister heran. Eine von ihnen, Iris Ishikuro, entwickelte in den 1980er-Jahren einen Reiki-Stil, der als *Raku Kei Reiki* bekannt wurde (Robertson, o. D.). Dieses Projekt war Teil einer Zusammenarbeit mit einem ihrer Schüler, Arthur Robertson. *Raku Kei Reiki* – oder „Der Weg des Feuerdrachen" – leistete viele Beiträge zu dem Reiki-Stil, der heute im Westen am häufigsten praktiziert wird, darunter die *Hui-Yin*-Atmung, das *Johre*-Symbol – auch bekannt als „Weißes Licht" – und eine bestimmte Reihe von Hand-Mudras (International House of Reiki, 2010h). Neben *Raku Kei Reiki* gibt es viele andere Reiki-Stile, die heute praktiziert werden und die alle auf Usuis Linie zurückgehen. Einige dieser Methoden sind: *Hayashi Reiki Kenyukai* (Hayashi Reiki Research Group), *Jikiden Reiki* (direkt unterrichtetes Reiki), *Komyo Reiki* (Erleuchtungsreiki), David Jarrells *Reiki Plus, Usui Shiki Ryoho, Tera-Mai Reiki*, wie es von Kathleen Milner entwickelt wurde, und Barbara Rays *Radiance Technique*, die aus der American Reiki Association Inc. hervorging (Sunrise Reiki Centre, 2015).

Reiki im modernen Westen

Das energetische *Ki* – oder *Prana* –, *das* durch alle lebenden Organismen fließt, spielt in den östlichen Philosophien seit Tausenden von Jahren eine zentrale Rolle, steht jedoch im krassen Gegensatz zu den westlichen Medizinphilosophien (Mailoo, 2002). Während letztere sich auf Chemie und Materie konzentriert, um Krankheiten und Ungleichgewichte zu behandeln, machen traditionelle östliche Heilpraktiken wie Reiki Gebrauch von den Gesetzen der Physik und der Energie, um unsere körperlichen, geistigen und emotionalen Beschwerden zu behandeln. Früher wurde die Vorstellung einer Lebensenergie – und die auf diesem Konzept basierenden Energieheilpraktiken – von der westlichen medizinischen Wissenschaft diskreditiert, weil sie unsichtbar und unmessbar war. Die zunehmende Erforschung der Naturgesetze hat jedoch in den vergangenen Jahren im Westen zu einem tieferen Verständnis der Energieheilung geführt. Dies hat bewirkt, dass Reiki sowohl bei Privatpersonen als auch bei Ärzten in der westlichen Welt immer beliebter geworden ist. Diese Anerkennung von Reiki wird auch durch die Erfolgsquote der Praxis gefördert, die in offiziellen wissenschaftlichen Studien mit zunehmender Regelmäßigkeit dokumentiert wird (Mailoo, 2002).

Derzeit bietet das Royal College of Nursing einen akkreditierten Kurs in Reiki-Heilung an; angesichts der Fähigkeit der Praxis, Schmerzen zu lindern und den Heilungsprozess zu beschleunigen, bieten außerdem schätzungsweise 800 Krankenhäuser in den Vereinigten Staaten kostenlose Reiki-Ausbildungen an (Lotus, o. D.). Nach Angaben des Internationalen Zentrums für Reiki-Ausbildung haben sich weltweit schätzungsweise vierhunderttausend Menschen zumindest für den ersten Grad der Reiki-Heilung eingeschrieben (Rand, 2014b). Zum ersten Mal gibt es auch im Westen mehrere formale Regulierungsstellen für Reiki-Praktizierende, darunter die Reiki Alliance in Deutschland.

Es gibt immer mehr anekdotische Beweise dafür, dass Reiki in Verbindung mit anderen medizinischen Praktiken wirksam eingesetzt werden kann, um chronische Krankheiten zu behandeln, Stresssymptome zu lindern und die Selbstheilungskräfte des Körpers zu aktivieren und zu stärken (Mailoo, 2002). Diese Studien gewinnen dank der Arbeit von William Lee Rand immer mehr an Bedeutung. Im Jahr 2005 eröffnete Rand das Internationale Zentrum für Reiki-Ausbildung. Er initiierte auch den Touchstone-Prozess, der darauf abzielt, die vielen wissenschaftlichen Studien zu Reiki-Programmen in formalen medizinischen Umgebungen wie Hospizen, Krankenhäusern und Kliniken zu analysieren. Nach den in den Jahren 2008 und 2009 veröffentlichten Erkenntnissen hat Reiki tatsächlich einen positiven Einfluss auf die Gesundheit und das Wohlbefinden von Menschen und Tieren (Lotus, o. D.). Zu den in diesen Studien beschriebenen Vorteilen von Reiki gehören die Verringerung von Stress, Depressionen und Ängsten. Diese Studien haben auch gezeigt, dass Reiki eine wirksame Methode ist, um Schmerzen zu lindern, und dass es sich positiv auf das autonome Nervensystem auswirkt. Die Vorteile von Reiki werden in Kapitel 3 ausführlicher behandelt.

Kapitel 3:
Die Vorteile von Reiki

Die Lebensenergie, die Sie belebt, durchdringt Ihren gesamten Körper – was Reiki das Potenzial verleiht, äußerst nützlich zu sein. Eines der Hauptziele dieser Praxis ist die Heilung von Körper, Geist und Seele – aber jeder dieser Bereiche kann eine große Anzahl von Aspekten umfassen. Unser physischer Körper ist äußerst komplex, ebenso wie unser Geist und unsere Seele, und einer der größten Vorteile von Reiki ist, dass es gezielt auf die Teile unseres Wesens angewendet werden kann, die am meisten Aufmerksamkeit und Heilung benötigen. Gleichzeitig sind unser Körper, unser Geist und unsere Seele miteinander verbunden. Die Heilung eines Teils des Körpers wirkt sich unweigerlich positiv auf den gesamten Körper aus. Daher besteht einer der größten Vorteile von Reiki darin, dass es ein ganzheitlicher und integrierter Ansatz zur Heilung ist, der alle verschiedenen Aspekte, die einen Menschen ausmachen, beeinflussen kann.

Die heutige Gesellschaft ist voller Stress und Spannungen, und als Folge davon leiden viele Menschen an einer Vielzahl von körperlichen, geistigen und seelischen Krankheiten. Zwar können wir unsere Lebensumstände nicht unbedingt ändern, aber die gute Nachricht ist, dass wir Maßnahmen ergreifen können, um unsere Gesundheit zu verbessern – und Reiki ist eine der wirksamsten dieser Maßnahmen.

Warum Reiki-Heilung wählen?

Reiki ist nicht invasiv und ungefährlich, und das macht es zu einer sehr beliebten Therapieform. Die Praxis erfordert keinen Körperkontakt und nur minimale – wenn überhaupt – Kommunikation und ist daher auch für die Schüchternsten unter uns zugänglich. Reiki hat auch keine Nebenwirkungen und ist im Allgemeinen eine sichere Praxis, die ohne Chemikalien oder potenziell schädliche Medikamente auskommt. Darüber hinaus wurde das ursprüngliche System von Usui so weit verfeinert, dass Reiki leicht an die Öffentlichkeit weitergegeben werden kann, vor allem im modernen Westen. Es gibt viele Kurse, die persönlich oder online absolviert werden können und zunehmend erschwinglich sind. Der vielleicht größte Vorteil ist, dass Reiki nicht nur für diejenigen geeignet ist, die unter Ungleichgewichten leiden: Es kann die Gesundheit von Menschen verbessern, denen es bereits gut geht, und dazu beitragen, ihr Wohlbefinden langfristig zu sichern. Außerdem fördert es die Selbstheilung, was es zu einer idealen Form der Präventivmedizin macht.

Die Welt steht vor einer Krise der psychischen Gesundheit, und nicht nur die Regierung der Vereinigten Staaten gibt mehr Geld denn je für Gesundheit und Wohlbefinden aus (Weltgesundheitsorganisation, 2022). Dank des Potenzials von Reiki, Krankheiten vorzubeugen, kommt diese Praxis jedoch nicht nur dem Einzelnen, sondern der Gesellschaft insgesamt zugute. Während Reiki vor allem für seine positiven Auswirkungen auf die körperliche, geistige und emotionale Gesundheit bekannt ist, hat es auch eine starke spirituelle Komponente, die vielen Menschen in Zeiten großer Instabilität und Unsicherheit Trost spenden kann. Darüber hinaus lässt sich Reiki als ergänzende Therapie recht problemlos in stattliche Gesundheitssysteme integrieren; tatsächlich ist dies bereits in mehreren Ländern geschehen (Billot et al., 2019).

Körperliche Heilung

Was ist Schmerz?

Der menschliche Körper ist ein unglaubliches Meisterwerk, das aus einem komplexen System von miteinander verbundenen Teilen besteht. Jede einzelne Zelle in Ihrem Körper hat eine Funktion, und all die verschiedenen Zellen, aus denen Sie bestehen, sind so organisiert, dass sie sich gegenseitig beeinflussen. Wenn Sie in einem Teil Ihres Körpers Schmerzen oder Beschwerden haben, werden Sie zweifellos die Auswirkungen auf Ihren Körper als Ganzes spüren. Die Heilung solcher Schmerzen oder Beschwerden ist nicht nur nützlich, um den Schmerz selbst zu beseitigen, sondern auch, um die allgemeine Funktion und Gesundheit des menschlichen Körpers zu verbessern.

Auch wenn die meisten Menschen Schmerzen jeglicher Art nicht gerne empfinden, erfüllen sie doch eine wichtige Funktion in der Kommunikation unseres Körpers mit uns. Schmerz und Unbehagen sind die Art und Weise, wie unser Körper uns mitteilt, dass etwas nicht in Ordnung ist. Es ist daher wichtig zu verstehen, dass es bei der Schmerzlinderung nicht nur um die Linderung von Beschwerden geht, sondern auch um die Heilung des zugrundeliegenden Problems, das Ihr Leiden verursacht.

Aufgrund des stressigen Charakters der heutigen Gesellschaft leiden viele von uns unter energetischen Blockaden und Ungleichgewichten, die sich in Form von körperlichen Schmerzen und Unwohlsein äußern. Das Ziel von Reiki ist es nicht, diese Schmerzen zu lindern, indem man sich nur auf die Physiologie des Körpers konzentriert, sondern indem man die Wurzel des Problems angeht. Während Reiki zum Beispiel dabei hilft, die Rückenmuskeln zu entspannen, die Ihre Kopfschmerzen verursachen, besteht sein eigentliches Ziel darin, Sie von dem energetischen Ungleichgewicht zu befreien, das die Verspannungen überhaupt erst verursacht. Das bedeutet, dass Reiki kurz- und langfristig zur Schmerzlinderung beiträgt, weil es nicht nur den Schmerz selbst, sondern auch die ihm zugrundeliegende Ursache behandelt.

Die körperlichen Vorteile von Reiki

Unser Körper besteht vollständig aus Energie, denn jede einzelne Zelle, aus der wir bestehen, schwingt in einer bestimmten energetischen Frequenz. Infolgedessen können sich energetische Ungleichgewichte auf unzählige Arten und in fast jedem Winkel des Körpers manifestieren. Glücklicherweise ist die Kraft von Reiki so stark, dass sie all diese Stellen erreichen kann, egal wie tief sie unter unserer Haut vergraben sind. Seine heilende Magie kann auch auf bestimmte Körperteile fokussiert werden, wenn es bestimmte Probleme gibt, die behandelt werden müssen. Einige der körperlichen Vorteile von Reiki sind:

- Heilung von beschädigtem Gewebe

- Heilung beschädigter Knochen

- Stimulierung des Immunsystems

- Linderung von akuten und chronischen Schmerzen und Verspannungen

- Linderung von Verdauungsproblemen und -krankheiten, einschließlich des Reizdarmsyndroms, der Reizdarmstörung, der Morbus Crohn, der Gastritis, der Diarrhöe und der Verstopfung

- Erhöhte Fruchtbarkeit und verbesserte reproduktive Gesundheit

- Linderung oder Verringerung der Symptome der Parkinson-Krankheit

Aufgrund der positiven Wechselwirkung mit unserer Energie kann Reiki einen Zustand des Friedens und der Ruhe herbeiführen. Dies hat viele Vorteile für unseren Stresspegel und die vielen Krankheiten, die mit Angst und chronischem Stress verbunden sind. Es beruhigt unser Nervensystem und bringt uns an einen Ort des Friedens und der Harmonie – und letztlich der Gesundheit. Einige der stressbedingten Krankheiten, die durch Reiki geheilt werden können, sind:

- Schlafstörungen

- Verdauungsprobleme

- Hoher Blutzucker

- Herzkrankheiten

- Erkältungen und Grippe als Folge einer verminderten Immunität

- Depressionen

- Gedächtnisstörungen und Konzentrationsschwierigkeiten

- Kopfschmerzen

- Muskelverspannungen

- Alzheimer-Krankheit

- Fettleibigkeit und Gewichtszunahme

- Nacken-, Schulter- und Rückenschmerzen

Reiki kann sowohl auf die Heilung eines bestimmten Körperteils ausgerichtet werden als auch einem ganzheitlichen Zweck dienen. Zum Beispiel können Menschen, die ihre Immunität und die Selbstheilungskräfte ihres Körpers vor oder nach einer Operation verbessern wollen, die Energieheilung nutzen. Reiki kann auch dazu beitragen, die allgemeine Gesundheit zu erhalten oder zu verbessern, insbesondere wenn es regelmäßig praktiziert wird.

Reiki und Krebs

Krebs ist eine der schwerwiegendsten – und am meisten gefürchteten – Krankheiten der Welt. Studien haben gezeigt, dass die Zahl der Krebserkrankungen bei Menschen unter 50 Jahren stark zugenommen hat, und man geht davon aus, dass einer der Hauptgründe dafür mit dem Lebensstil der Menschen im heutigen Westen zusammenhängt (Rapport, 2022). Wir haben mehr zu tun und sind gestresster als je zuvor, und das hat unsere Fähigkeit, uns gesund zu ernähren, Sport zu treiben und ausreichend zu schlafen, massiv beeinträchtigt. Vielen von uns fällt es schwer, körperlich, geistig und seelisch gesund zu bleiben; dies belastet unsere langfristige Gesundheit und unser Wohlbefinden erheblich.

Reiki ist zu einer beliebten ergänzenden Behandlung für Krebskranke geworden (Bedosky, 2022). Die Praktiken sind nützlich, um Stress und Ängste zu bewältigen und Schmerzen zu lindern. Auch wenn die meisten Ärzte Krebspatienten nicht empfehlen werden, auf alle derzeitigen medizinischen Maßnahmen zu verzichten und stattdessen Reiki zu nutzen, hat diese Praxis viele Vorteile für die Patienten, wenn sie in Verbindung mit anderen medizinischen Maßnahmen angewendet wird. Einige dieser Vorteile sind:

- Herbeiführung eines meditativen Zustands, der Körper und Geist entspannt

- Förderung eines Gefühls von Frieden, Sicherheit und Wohlbefinden

- Einführung der Patienten in ein ganzheitliches System mit spirituellen Komponenten, das ihnen in schwierigen Zeiten Trost spenden kann

- Verringerung der psychologischen Auswirkungen von schweren oder sogar tödlichen Krankheiten, einschließlich Depressionen und Angstzuständen

Geistige und emotionale Heilung

Wir sind beschäftigt und gestresst, und das zeigt sich am deutlichsten in der globalen Krise der psychischen Gesundheit, die die Welt derzeit erlebt. Mehr Menschen als je zuvor leiden unter psychischen Störungen wie Depressionen, bipolaren Störungen, Angstzuständen, chronischem Stress, Essstörungen, chronischer Müdigkeit, Schlafstörungen, neurologischen Entwicklungsstörungen, Schlaflosigkeit, posttraumatischen Belastungsstörungen und sogar Schizophrenie und Borderline-Persönlichkeitsstörungen. Die Auswirkungen sind gravierend: Arbeitgeber sind ratlos, Familien werden auseinandergerissen, und die Gemeinden können die Last eines überlasteten Gesundheitssystems nicht mehr tragen. Selbst diejenigen, bei denen keine psychischen Erkrankungen diagnostiziert wurden, berichten häufig über emotionale Störungen, die so schwerwiegend sein können, dass sie ihr Funktionieren beeinträchtigen und körperlichen Beschwerden verursachen.

Ungleichgewichte sind das Ergebnis eines blockierten Energieflusses in unserem Körper. Wenn sich unsere Chakrenräder nicht mehr drehen, verlieren wir sehr leicht den Überblick und fühlen uns unwohl. Auf rein physiologischer Ebene ist unser parasympathisches Nervensystem ebenfalls stark belastet, was die Fähigkeit vieler Menschen, sich in stressigen Zeiten zu beruhigen, beeinträchtigt. Durch die Neuausrichtung unserer Energiezentren und die Herbeiführung eines Gefühls der Ruhe und Entspannung können wir viele dieser Ungleichgewichte beseitigen – und hier kommt die Kunst des Reiki ins Spiel. Die mentalen und emotionalen Vorteile von Reiki sind nahezu endlos, einschließlich der

Fähigkeit, die Symptome vieler der zuvor beschriebenen Krankheiten zu lindern. Wenn Sie sich von den schmerzhaften Auswirkungen geistiger Unausgeglichenheit befreien, kommt das Ihrer Familie und Ihren Freunden ebenso zugute wie Ihrem Arbeitsleben. Darüber hinaus wird Reiki auch Ihre Lebensqualität insgesamt verbessern.

Spirituelle Heilung

Die Wissenschaft hat sehr wenig über spirituelle Krankheiten zu sagen, aber das bedeutet nicht, dass es diese Krankheiten nicht gibt. Wir erkennen oft nicht, dass wir spirituelle Heilung brauchen: Sie fühlen sich vielleicht besorgt und angespannt und denken, das sei nur eine Folge davon, dass Sie zu wenig Zeit und zu viel zu tun haben. In Wirklichkeit steckt jedoch hinter vielen unserer Ungleichgewichte mehr, als man auf den ersten Blick sieht. Wir haben uns vom Universum, voneinander und von uns selbst abgekoppelt. Viele Menschen glauben nicht an die Kraft der Energie und sind nicht davon überzeugt, dass ihr Wohlbefinden darin liegt. Wir haben uns selbst Beschränkungen auferlegt, weil wir glauben, „nur ein Mensch" zu sein; das Ergebnis ist, dass viele von uns aufgegeben haben, ihr volles Potenzial zu erreichen, und das führt zu Unzufriedenheit, Entmutigung, Frustration und Verzweiflung. Unterbewusst wissen wir alle, dass wir zu mehr fähig sind, – wir können ein größeres, besseres und erfüllteres Leben führen –, aber zu viele von uns haben aufgegeben, es auch nur zu versuchen. Genau darum geht es beim menschlichen Potenzial; es ist auch die Wurzel spiritueller Krankheiten.

Viele Menschen sind erschrocken, wenn sie das Wort „spirituell" hören. Ein häufiges Missverständnis ist, dass sich Spiritualität auf Religion bezieht. Das kann in vielen Fällen zutreffen, aber nicht im Fall von Reiki. Der Begriff *„spirituell"* leitet sich vom lateinischen Wort *„spiritus" ab*, was „Lebensatem" bedeutet. Unsere Energie zeigt sich vor allem in unserem Atem: Jedes Mal, wenn wir ein- oder ausatmen, findet ein energetischer Austausch mit der Welt um uns herum statt. Bei der Reiki-Heilung geht es um die Kraft der Energie, die durch den Atem gelenkt wird. Wenn ein Heiler sich mit dem universellen *Ki* verbindet und diese Energie in den Patienten leitet, bringt er die energetischen Zentren dieser Person wieder ins Gleichgewicht.

Denken Sie daran, wie wir die Sprache verwenden, um über unser allgemeines Wohlbefinden zu sprechen. Jemand, der müde ist, könnte sagen, er habe „wenig Energie", während eine gesunde Person als „energiegeladen" oder „energisch" beschrieben wird. Auch wenn es im modernen Westen nicht weithin geglaubt wird, bezeichnen wir uns selbst unbeabsichtigt als „aus Energie bestehend". Das bedeutet, dass man nicht unbedingt an Reiki glauben muss, damit es wirkt. Die Teilnahme an einer Reiki-Sitzung mit der Absicht, geheilt zu werden, wird die Effizienz der Praxis erheblich verbessern, aber auch Skeptiker können von diesen Sitzungen profitieren. Ein Heiler, der seinem Patienten Energie zuführt, stützt seine Bemühungen nicht auf die Überzeugungen des Patienten, sondern auf die Energie, die dessen Körper ausmacht – unabhängig davon, ob er an die Existenz dieser Energie glaubt oder nicht.

Reiki lehrt uns, dass wir mit dem Universum verbunden sind, aber auch, dass wir das Universum *sind*. Das Universum ist unendlich und grenzenlos – und da wir Teil seiner Energie sind, sind wir es auch. Das bedeutet, dass das menschliche Potenzial nicht durch menschliche Begrenzungen eingeschränkt wird, denn diese sind in Wirklichkeit selbst auferlegt. Indem wir uns mit dem universellen *Ki* verbinden, können wir nicht nur unsere Spiritualität wiederentdecken, sondern auch unsere Grenzenlosigkeit. Die Welt steht jedem offen, der sich auf sie einlässt, und Gesundheit, Wohlbefinden und Lebensfreude sind für alle möglich.

Säule 2:
Elemente

Kapitel 4:
Grundsätze und Prinzipien des Reiki

Die verschiedenen grundlegenden Elemente, aus denen sich die Reiki-Praxis zusammensetzt, sind an sich schon sehr bedeutsam, aber eine echte Reiki-Reise erfordert mehr als nur zu wissen, was Reiki ist, woher es kommt und wie es funktioniert. Erfolgreiche und nachhaltige Heilung entsteht, wenn Sie Ihre Perspektive so verändern, dass Sie sich nicht länger mit den Gedanken beschäftigen, die körperliches Leiden verursachen – hier kommt die Macht der Worte ins Spiel. Bei den Reiki-Lebensregeln handelt es sich um fünf einfache Sätze mit tiefgreifendem Einfluss, die die Essenz einer Reise zu Gesundheit und Glück bilden.

Ihr Geist ist ein wichtiger Teil davon, wie Sie Ihre Energie nutzen, denn mit dem Geist lenken Sie Ihre Aufmerksamkeit. Das Ziel der Regeln ist es, den Geist eines Reiki-Praktizierenden so zu schulen, dass er seine Aufmerksamkeit nicht mehr auf Dinge richtet, die ihm nicht nützen. Noch wichtiger ist, dass diese Regeln dem Praktizierenden helfen, seine Energie auf das zu lenken, was auf seinem Lebensweg am sinnvollsten und produktivsten ist.

Die Reiki-Lebensregeln

Als Reiki-Meister Usui Reiki zum ersten Mal in seiner Gemeinschaft einführte, überzeugte ihn sein Erfolg bei der Heilung von Menschen davon, dass es sich lohnt, diese Praxis weiterzuverfolgen. Er stellte jedoch auch fest, dass die Gesundheitsprobleme vieler Menschen bald nach der Behandlung zurückkehrten. Dies führte ihn zu der Erkenntnis, dass ein wahrer Heilungsweg mehr erfordert als isolierte Reiki-Behandlungen. Stattdessen erfordert die Praxis eine spirituelle, emotionale und mentale Veränderung, wenn man nachhaltige und lang anhaltende Vorteile aus der Reiki-Heilung ziehen möchte. Um die Denkweise der von ihm Geheilten zu verbessern, ermutigte er sie zu konstruktiven Gedanken. Um seinen Schülern und Patienten zu helfen, Negativität in Schach zu halten, entwickelte er die „Fünf Lebensregeln des Reiki" (International House of Reiki, 2010d). Diese sind im Japanischen als *Gokai* – oder fünf Prinzipien – bekannt und gelten als Grundlage, auf der alle Reiki-Praktiken beruhen sollten.

Die Form, die Usui bei der Entwicklung seiner Lebensregeln verwendete, ähnelt den vielen alten japanischen Praktiken. Der japanische Buddhismus zum Beispiel basiert auf den Geboten, nicht zu stehlen, zu töten, zu lügen, Ehebruch zu begehen oder Rauschmittel zu konsumieren (EurekAlert!, 2022). Wie diese alten *Gokai* basieren auch Usuis Prinzipien auf Grundsätzen aus buddhistischen Texten aus dem frühen neunten Jahrhundert. Im Laufe der Zeit wurden sie angepasst, sodass die uns heute bekannten Regeln entstanden.

Usui glaubte, dass diese fünf Prinzipien ein wesentlicher Bestandteil „der geheimen Kunst, Glück einzuladen; der spirituellen Medizin für alle Krankheiten" (Harris, 2014, Abs. 2) sind, vor allem, weil es eine so starke Verbindung zwischen geistigem und spirituellem Wohlbefinden und körperlicher Gesundheit gibt. Diese berühmte Aussage fasst nicht nur Usuis festen Glauben an die Kraft der Lebensregeln zusammen, sondern wird auch als Präambel für jeden verwendet, der diese Prinzipien als Teil seiner täglichen Praxis rezitiert. Sie können die Gedanken reinigen, das Gefühl von Kraft und Positivität verstärken und die Selbstheilung fördern, was sowohl für den menschlichen Körper als auch für die Umwelt, in der er lebt, von Nutzen ist. Die *Gokai* gelten daher als der Kodex, nach dem Reiki eingesetzt und ausgeführt wird.

Die ursprünglichen Lebensregeln lauteten wie folgt (Birchler, o. D.):

- Nur für heute, ärgere dich nicht.

- Nur für heute, mach dir keine Sorgen.

- Nur für heute, sei dankbar.

- Nur für heute, erfülle deine Pflichten.

- Nur für heute, sei freundlich zu anderen.

Die meisten Hypnotherapeuten und Psychologen glauben, dass das menschliche Gehirn nicht in der Lage ist, negative Aussagen zu verarbeiten (Harris, 2014). Da einige der Gebote das Wort „nicht" enthalten, stellte sich für manche Reiki-Praktizierende die Frage, ob die Gebote in der zuvor dargestellten Übersetzung geeignet sind oder nicht. Nach reiflicher Überlegung kam der Reiki-Lehrer und -Praktizierende Neal Harris zu dem Schluss, dass das Rezitieren dieser Prinzipien in der ursprünglichen Übersetzung eher erdrückend als ermächtigend wirkt. Er erinnert sich daran, dass er das Gefühl hatte, „dass jemand streng über ihm stand und ihm sagte, was er tun und was er nicht tun sollte" (Harris, 2014, Abs. 1). Dies führte ihn dazu, die ursprünglichen Grundsätze so umzuformulieren, dass sie noch wirkungsvoller sind als zuvor. Während die ursprünglichen *Gokai* wie Befehle klingen, impliziert Harris' Version, dass es die Entscheidung des Einzelnen ist, ihnen zu folgen. Es handelt sich nicht mehr um Befehle, sondern um etwas, das man eher *fühlt* als *befolgt*. Diese Anpassung beeinträchtigt zwar nicht das ursprüngliche Japanisch, verändert aber die Art und Weise, wie sie von deutschsprachigen Reiki-Praktizierenden wahrgenommen werden, selbst wenn die Phrasen während der Praxis weiterhin im ursprünglichen Japanisch gesprochen werden. Die modifizierten Prinzipien sind (Harris, 2014; Jayne, o. D.):

- Nur für heute (*kyo dake wa*) lasse ich wütende Gedanken und Gefühle los (*ikaru na*).

- Nur für heute (*kyo dake wa*) lasse ich Gedanken der Sorge (*shinpai suna*) los.

- Nur für heute (*kyo dake wa*) bin ich dankbar für viele Segnungen (*kansha shite*).

- Nur für heute (*kyo dake wa*) übe ich, mein Bewusstsein zu erweitern (*gyo-o hage me*).

- Nur für heute (*kyo dake wa*) bin ich sanft zu allen Wesen, einschließlich mir selbst (*hito ni shinsetsu ni*).

Andererseits sind einige der Meinung, dass die Gebote in dieser angepassten Form zu sehr nach Affirmationen klingen und dass dies ihrem Zweck widerspricht. Affirmationen, d. h. positive Aussagen, mit denen eine bestimmte Tatsache bekräftigt wird, sind im heutigen Westen immer beliebter geworden. Dem Einzelnen dienen sie dazu, eine bestimmte Einstellung oder ein bestimmtes Ziel zu bekräftigen oder jemandem zu helfen, Negativität und Selbstsabotage zu überwinden. Gängige Beispiele sind: „Ich bin glücklich" oder „Ich glaube an mich selbst". Im Gegensatz dazu sind Gebote Verhaltensregeln; ihr Zweck ist es, den Menschen vorzuschreiben, was sie zu tun haben – und so ist es nicht verwunderlich, dass sie den Eindruck erwecken, als würde jemand streng über ihr Handeln bestimmen.

Unabhängig davon, ob Sie der Meinung sind, dass die Gebote angepasst werden sollten oder nicht, wird immer noch angenommen, dass es am besten ist, sie während der Reiki-Praxis in ihrer ursprünglichen japanischen Form zu rezitieren. Der Grund dafür ist das *Kototoma* in ihnen, d. h. die magische Kraft, die den Worten innewohnt. Das Konzept des *Kototoma*, das auch als „Geist der Sprache" übersetzt wird, wurde ab 1999 von Dr. Masaru Emoto wissenschaftlich untersucht (Kawano, 2011). Emoto wollte die Wirkung von Worten – falls vorhanden – auf Wasser untersuchen. Er verwendete mehrere Wassergläser und setzte sie jeweils verschiedenen Wörtern oder Bildern aus, während sie eingefroren wurden. Das Ergebnis war, dass die Eiskristalle in den einzelnen Gläsern sehr unterschiedliche Strukturen aufwiesen, was beweist, dass Worte einen Einfluss haben, der über ihre rein gesprochene Bedeutung hinausgeht.

Die Lebensregeln wurden entwickelt, um Reiki-Schülern und -Praktizierenden auf ihrem spirituellen Weg zu helfen, aber es reicht nicht aus, sie nur zu kennen. Zusätzlich hat Usui auch dargelegt, wie die Regeln von denjenigen angewendet werden sollten, die sich entschieden haben, die spirituelle Reise des Reiki anzutreten. Im Idealfall müssen die Lebensregeln jeden Morgen und jeden Abend dreimal laut wiederholt werden. Dabei ist es am besten, wenn sie im japanischen Original gesprochen werden – es gibt Audioquellen, die Ihnen helfen, die richtige Aussprache zu lernen. Sie sollten auch von einer *Gassho*-Meditation begleitet werden, die in Kapitel 5 beschrieben wird. Es wird angenommen, dass Usuis Schüler die *Gokai* nicht nur täglich mündlich wiederholten, sondern diese Prinzipien als Teil ihrer Ausbildung auch Wort für Wort aufschrieben (International House of Reiki, 2010d). Dies war ein weiterer Weg, um ihnen zu helfen, diese Worte in ihre täglichen Gedanken und ihr Leben zu integrieren.

Usui erkannte die enorme Bedeutung der Aufgabe, nach diesen Prinzipien zu leben. Daher entwickelte er in Verbindung mit den Prinzipien weitere Säulen, um seinen Schülern auf ihrer spirituellen Reise zu helfen. Diese werden in Kapitel 5 behandelt.

Eine angeleitete Praxis

Als Harris zum ersten Mal über die Prinzipien nachdachte und sie umformulierte, um ihnen mehr Kraft zu verleihen, erkannte er auch eine Methode, die von all jenen befolgt werden kann, die Glück in ihr Leben bringen wollen, indem sie ihre geistige, spirituelle und körperliche Gesundheit verbessern (Harris, 2014):

1. Beginnen Sie Ihre Übung, indem Sie die Präambel laut rezitieren.

2. Sagen Sie dann den ersten Grundsatz: „Nur für heute lasse ich wütende Gedanken und Gefühle los."

3. Nehmen Sie sich ein paar Minuten Zeit, um über diese Aussage nachzudenken: Zu welchem Zeitpunkt waren Sie an diesem Tag oder am Tag zuvor wütend? Erkennen Sie an, dass Ihre Wut zwar durch etwas Äußeres ausgelöst wurde, die Wut selbst aber in Ihnen lebt.

4. Erinnern Sie sich an andere Ereignisse in der Vergangenheit, die Ihre Wut ausgelöst haben, und versuchen Sie, Ähnlichkeiten zwischen den verschiedenen Momenten zu finden, in denen Sie wütende Gedanken und Gefühle hatten.

5. Bitten Sie Ihre spirituellen Helfer – Ihre Reiki-Lehrer, Ihre Meister, Ihre Engel und Ihr höheres Selbst – Ihnen zu helfen, Ihre wütende Energie aus der Vergangenheit loszulassen und sie in etwas umzuwandeln, das Heilung und Wachstum für alle fördern kann.

6. Atmen Sie ein paar Mal langsam und tief ein; stellen Sie sich bei jedem Ausatmen vor, dass Sie den restlichen Ärger aus Ihrem Körper, Ihrem Geist und Ihrer Seele herauslassen.

7. Wiederholen Sie die Schritte 2 bis 6 für den nächsten Grundsatz: „Nur für heute lasse ich Gedanken der Sorge los." Erkennen Sie, dass die Sorgen durch Gedanken über die Zukunft ausgelöst werden, die Sorgen selbst aber in Ihnen wohnen.

8. Sagen Sie, wie zuvor, den dritten Grundsatz laut auf: „Nur für heute bin ich dankbar für viele Segnungen." Denken Sie an die Segnungen in Ihrem Leben, seien es Menschen, Gegenstände oder Ereignisse; benennen und visualisieren Sie jede dieser Segnungen und erlauben Sie den Gefühlen der Dankbarkeit, Ihr Herz zu erweitern.

9. Sprechen Sie den vierten Grundsatz laut aus: „Nur für heute übe ich, mein Bewusstsein zu erweitern." Erinnern Sie sich an den heutigen oder vorangegangenen Tag, an dem Sie versucht haben, Ihr Bewusstsein zu erweitern. Das können Meditationspraktiken sein, der Versuch, das Verhalten von jemandem aus einer anderen Perspektive zu verstehen, oder eine Entspannungsübung; stellen Sie sich diese Momente vor und erkennen Sie sie an.

10. Wiederholen Sie den fünften Grundsatz laut: „Nur für heute bin ich sanft zu allen Wesen, auch zu mir selbst." Denken Sie an die vergangenen Tage zurück und erinnern Sie sich an Zeiten, in denen Sie nicht sanft zu sich selbst und anderen waren. Visualisieren Sie diese Fälle und bitten Sie dann Ihre spirituellen Helfer, Ihnen dabei zu helfen, jegliche Schuldgefühle oder Ängste loszulassen, die Sie wegen Ihres Verhaltens haben könnten. Atmen Sie ein paar Mal tief und langsam ein;

lassen Sie bei jedem Ausatmen diese schweren Gefühle los und spüren Sie, wie Ihr Körper, Ihr Geist und Ihre Seele mit jedem Atemzug leichter werden.

Die Wiederholung dieser Grundsätze mag einfach klingen, aber in Wahrheit stellen sie eine große Herausforderung für jeden dar, der sich entscheidet, sich wirklich mit ihnen zu beschäftigen. Sie umreißen den Kampf, den viele von uns führen, wenn sie versuchen, ihre Gefühle zu kontrollieren und ihre Gedanken zu steuern. Es reicht nicht aus, sie einfach nur zu wiederholen – man muss sie den ganzen Tag über im Kopf behalten und über sie nachdenken, wann immer man sich in Momenten möglicher Aufregung befindet. Neben der Kontemplation der Grundsätze fordern sie uns auch auf, ein ständiges Bewusstsein für unsere Gedanken und Gefühle zu entwickeln. Sie nützen nichts, wenn man sie vergisst, und um zu wissen, wann man sie abrufen muss, muss man lernen, sich selbst zu stoppen, bevor man sich auf negative Gedanken oder destruktives Verhalten einlässt. Dies erfordert natürlich Zeit und Übung – lassen Sie sich nicht entmutigen, wenn es Ihnen anfangs schwerfällt, die Lebensregeln in Ihr tägliches Leben zu integrieren! Eine Änderung der Denkweise geht nicht von heute auf morgen, aber die Vorteile, die sich daraus ergeben, sind endlos, wenn man bereit ist, auf diesem Weg auszuharren.

Kapitel 5:
Die drei Säulen

Trotz der scheinbaren Einfachheit der *Gokai* wusste Usui, dass es keine leichte Aufgabe ist, nach diesen Regeln zu leben. Deshalb entwickelte er drei Säulen als Teil seiner Methode, um seinen Schülern zu helfen, die „Regeln" des Reiki zu befolgen, während sie tiefer in ihre spirituelle Reise einsteigen (Fraley, 2017). Die erste Säule ist *Gassho*, ein Meditationsstil, der Ihnen helfen soll, Stille und Frieden in Ihrem Leben zu kultivieren. Die zweite Säule ist *Reiji-ho* und die dritte ist *Chiryo*. Der letztendliche Zweck dieser Säulen ist es, Reiki-Heiler darin zu schulen, einen friedlichen, geerdeten und konzentrierten Geisteszustand als Teil ihrer persönlichen „spirituellen Hygiene" zu entwickeln und zu erhalten. Die Säulen laden den Praktizierenden auch dazu ein, sein Ego beiseitezulassen, um seine Intuition zu schärfen, Achtsamkeit und Selbsterkenntnis zu kultivieren und schließlich eine tiefere Verbindung zu seinem Patienten und zum universellen *Ki* herzustellen.

Gassho

Der japanische Begriff *Gassho* kann direkt mit „zwei Hände, die zusammenkommen" übersetzt werden (Rataic, 2017). Genauer gesagt ist es die Vereinigung der Göttlichen Mutter und des Göttlichen Vaters, indem man symbolisch die Hände in einer Gebetshaltung zusammenbringt. Die linke Hand steht für den Menschen, wie er in der physischen Welt zu finden ist. Im Gegensatz dazu symbolisiert die rechte Hand den Buddha als Beispiel für ein erleuchtetes Wesen. Das symbolische Zusammenführen dieser beiden Hände bedeutet, dass auch Menschen in der Lage sind, Erleuchtung zu erlangen.

Die *Gassho*-Handhaltung hat mehrere Funktionen: Sie kann zur Begrüßung oder als Zeichen des Respekts oder der Dankbarkeit verwendet werden. Sie wird auch als Hand-*Mudra* – eine „Pose" oder „Geste" – in *Gassho*-Meditationspraktiken verwendet. Der Zweck dieser Handhaltung ist es, die Aufmerksamkeit während der Meditation auf die Fingerspitzen oder den Raum zwischen den Händen zu lenken. Auf diese Weise steht die Haltung für eine tiefere Verbindung mit dem Universum, sodass Sie Ihren Geist klären und Ihr Herz öffnen können. Gleichzeitig werden Ihre Hände – und vor allem Ihre Fingerspitzen – zum zentralen Fokus Ihrer Meditation.

Das Ziel der *Gassho*-Meditation ist es, innere Stille als Teil der spirituellen Reise zur Erleuchtung zu kultivieren. Diese Stille ist notwendig, um uns mit unseren spirituellen Helfern und unserem höheren Selbst zu verbinden und unsere Intuition für die göttliche Führung zu öffnen. Sie ist auch ein wirksames Mittel, um Körper und Geist zu beruhigen und unsere Energie zu erweitern. Die göttliche Führung ist zwar im Alltag hilfreich, aber besonders wichtig ist sie während einer Heilsitzung, wenn Ihre Hände von den Bedürfnissen Ihres Patienten und der Energie, die Sie kanalisieren, geleitet werden.

Es handelt sich dabei um eine recht einfache Form der Meditation, die oft für Anfänger empfohlen wird, aber auch für diejenigen geeignet ist, die tiefer in die Meditation als Ganzes eintauchen wollen. Die *Gassho*-Meditation ist auch ein zentraler Bestandteil von Usuis spezifischem Reiki-Stil. Nach seinen Lehren sollte *Gassho* vor und nach jeder Reiki-Sitzung sowie täglich 15 bis 30 Minuten morgens oder abends angewendet werden. Sie sollte idealerweise von den fünf Reiki-Lebensregeln begleitet werden.

Wenn Sie mit der *Gassho*-Meditation beginnen möchten, aber nicht wissen, wie Sie anfangen sollen, gibt es einige Schritte, die Sie befolgen können:

1. Setzen, stellen oder legen Sie sich in eine bequeme Position an einem Ort, an dem es keine Ablenkungen gibt. Wenn Sie sitzen oder stehen, achten Sie darauf, dass Ihre Wirbelsäule gerade ist, sodass sie eine einzige Linie vom Steißbein zum Scheitel bildet. Verspannen Sie Ihren Nacken nicht, und denken Sie daran, Ihre Schultern zu entspannen. Sie können auch auf einem Stuhl mit gerader Rückenlehne sitzen oder sich mit Kissen abstützen, wenn das Sitzen auf dem Boden oder das Stehen für Sie sehr unbequem ist.

2. Schließen Sie die Augen und bringen Sie Ihre Hände in die *Gassho*-Position. Ihre Daumen sollten auf Ihr Herzchakra ausgerichtet sein, also auf den Bereich, in dem sich Ihr Brustbein befindet, und Sie sollten Ihren Atem auf Ihren Fingerspitzen spüren, wenn Sie ausatmen. Vergewissern Sie sich, dass Ihre Hände entspannt sind und dass Sie sich nicht anstrengen, sie zusammenzudrücken.

3. Denken Sie an die Stelle, an der sich Ihre beiden Mittelfinger treffen, und richten Sie Ihre Aufmerksamkeit dorthin. Atmen Sie tief ein und aus. Stellen Sie sich bei jedem Ausatmen vor, dass Sie all die Dinge loslassen, die Ihnen nicht mehr dienen.

4. Bleiben Sie konzentriert und versuchen Sie, alles andere loszulassen. Wenn Gedanken auftauchen, versuchen Sie nicht, sie zu unterdrücken, sondern nehmen Sie sie zur Kenntnis und beobachten Sie, wie sie an Ihnen vorbeiziehen.

5. Lassen Sie sich nicht entmutigen, wenn Sie sich ablenken lassen: Bei der Meditation geht es darum, dass Sie lernen, Ihre Aufmerksamkeit neu zu fokussieren, wenn Gedanken in Ihrem Kopf auftauchen. Konzentrieren Sie sich einfach wieder auf Ihre Fingerspitzen, und denken Sie daran, dass es leichter wird, je öfter Sie es tun!

6. Zusätzlich zu Ihren Gedanken nehmen Sie vielleicht auch Energie um sich herum in Form von verschiedenen Empfindungen wahr. Nehmen Sie diese ebenso wie Ihre Gedanken einfach zur Kenntnis und konzentrieren Sie sich dann wieder auf Ihre Fingerspitzen.

7. Wenn Sie diese Meditation nutzen, um sich auf die Lebensregeln zu konzentrieren, können Sie sie laut oder im Kopf rezi-

tieren, sobald Sie ganz in Ihre Praxis eingetaucht sind. Anstatt sich nur auf Ihre Fingerspitzen zu konzentrieren, stellen Sie sich vor, dass sich die Regeln im Raum zwischen Ihren Mittelfingern befinden; richten Sie Ihre Aufmerksamkeit auf sie.

8. Wenn Sie gerade erst mit der Praxis angefangen haben, finden Sie es vielleicht anstrengend, Ihre Hände 15 bis 30 Minuten lang in der *Gassho*-Position zu halten. Falls Ihre Hände müde werden, lassen Sie sie einfach zusammengedrückt in Ihrem Schoß ruhen.

9. Wenn Ihre Meditationszeit vorbei ist, nehmen Sie sich einen Moment Zeit, um aus der Meditation herauszukommen. Legen Sie Ihre Hände in den Schoß und atmen Sie ein paar Mal tief durch, während Sie die Ruhe dieses Augenblicks genießen. Denken Sie daran: Sie tragen diesen Frieden in sich, und Sie können ihn jederzeit abrufen, wenn Sie ihn brauchen.

10. Wenn Sie bereit sind, Ihren Tag fortzusetzen, richten Sie Ihre Aufmerksamkeit auf Ihren Körper und lassen Sie Ihre Augen langsam aufflattern. Sie sollten sich konzentrierter, entspannter, zentrierter, produktiver und sogar kreativer fühlen.

11. Je nachdem, wie intuitiv Sie sind, können Sie entweder einen leisen Wecker stellen, um Ihre Praxis zu beenden, oder Sie können sie beenden, wann immer Sie sich dazu bereit fühlen. Es ist auch Ihre Entscheidung, ob Sie Musik spielen wollen oder nicht, solange sie Sie nicht von Ihrer Meditation ablenkt.

12. Sie können zu dieser Praxis zurückkehren, wann immer Sie einen Moment der Ruhe brauchen – auch wenn Sie nur ein paar Minuten Zeit haben.

Usui schlug seinen Schülern vor, *Gassho* rituell zu praktizieren, um Absichten zu setzen, ihre Konzentration zu verbessern, Achtsamkeit zu kultivieren und ihr Ego beiseitezulegen. Er betrachtete diese Meditation auch als eine Möglichkeit, die Energie, die während einer Heilungssitzung kanalisiert wird, einzuladen und zu entzünden. Neben der täglichen Durchführung dieser Meditation empfahl er den Schülern auch, vor einer Reiki-Sitzung fünf bis zehn Minuten lang *Gassho* zu praktizieren.

Es kann schwierig sein, mit einer neuen Meditationspraxis zu beginnen, vor allem, wenn man sie noch nie zuvor praktiziert hat. Es kann besonders frustrierend sein, wenn Sie einen unruhigen Geist haben, den Sie nicht zur Ruhe bringen können, egal, wie sehr Sie sich bemühen! Geben Sie sich Zeit: Wie alles andere braucht auch die Meditation Übung. Den Geist zu fokussieren ist eine Fähigkeit, die man nicht über Nacht erlernen kann. Wenn Sie merken, dass Sie abgelenkt werden, nehmen Sie Ihre Gedanken wahr und beobachten Sie, wie sie an Ihnen vorbeiziehen – wie die Wolken am Himmel. Es kann auch hilfreich sein, mit kürzeren Meditationen zu beginnen und diese im Laufe der Zeit zu steigern. Mit Geduld und Beharrlichkeit werden Sie bald feststellen, dass Sie mehr Ruhe und Glück empfinden.

Reiji-ho

Die zweite Säule einer Reiki-Sitzung ist *Reiji-ho*, was sich auf die Intuition und göttliche Führung bezieht, auf die sich ein Praktizierender verlässt, wenn er jemanden heilt (Phillips, 2021). Direkt übersetzt bedeutet *rei* „Geist" oder „Seele", *ji* bedeutet „anzeigen" oder „aufzeigen" und *ho* ist eine „Methode" oder ein „Weg". Zusammengenommen lässt sich der Satz mit „Hinweis des Geistes" übersetzen. Im weitesten Sinne wird *Reiji-ho* daher als die Intuition eines Heilers oder die göttliche

Führung verstanden, die ein Reiki-Praktizierender während einer Heilsitzung erhält. Verschiedene Studien haben ergeben, dass Kinder eine natürliche Intuition haben, die mit zunehmendem Alter schwächer wird und verschwindet (Delgado, 2016; McCartney, o. D.). Durch das Üben von *Reiji-ho* kann ein Heiler seine intuitiven Fähigkeiten wiedererlangen, sodass er sich erneut für das universelle *Ki* öffnen kann.

In den heutigen Reiki-Kursen – vor allem im Westen – werden vielen Schülern bestimmte Handpositionen beigebracht, die sie während einer Reiki-Sitzung einnehmen können. Auch wenn diese Positionen vorgegeben sind, fließt die Energie dennoch auf natürliche Weise dorthin, wo sie am meisten gebraucht wird. Diese Handpositionen waren jedoch nicht Teil des ursprünglichen Systems von Usui. Stattdessen nutzte der Reiki-Meister seine Intuition, um seine Hände dorthin zu führen, wo sie gebraucht wurden – er wurde eins mit der Energie und nutzte dies, um den Heilungsprozess zu steuern (Powers, 2017). Viele Reiki-Heiler, die die Kunst der Energieheilung schon lange praktizieren, werden feststellen, dass sie ähnliche Fähigkeiten haben. Sie verwenden die Säule des *Reiji-ho*, um ihre Hände zu führen und um zu entscheiden, welche Techniken und Symbole sie während einer Reiki-Sitzung anwenden wollen. Das liegt daran, dass sie gelernt haben, ihrer Intuition als göttlicher Führung zu vertrauen, die ihnen den Weg in ihren Heilsitzungen zeigt, und es bedeutet, dass jeder ihrer Patienten eine einzigartige Behandlung erhält, die speziell auf seine Bedürfnisse zugeschnitten ist.

Reiji-ho ist eng mit der *Gassho*-Meditation verbunden, da der Praktizierende dabei sein Ego zurückstellt, einen Geist der Achtsamkeit und des Bewusstseins kultiviert und seiner Intuition erlaubt, seine Handlungen zu leiten. Um *Reiji-ho* zu praktizieren, muss man sich mit der Reiki-Energie vereinen, und es gibt keinen besseren Weg, um Führung zu finden, als durch Meditation. Aus diesem Grund werden *Gassho-*

Meditationen normalerweise vor einer Reiki-Sitzung praktiziert. Wann immer Sie jedoch während einer Sitzung nicht weiterkommen, sich unsicher fühlen oder ablenken lassen, können Sie jederzeit durch *Gassho* zu *Reiji-ho* zurückkehren, um die göttliche Führung zu erhalten, die Sie benötigen. Stellen Sie sich dazu an die Füße oder den Kopf Ihres Patienten, legen Sie Ihre Hände vor der Brust zusammen und kehren Sie in einen meditativen Zustand zurück, bis Sie spüren, dass Ihre Energie wieder ruhig und konzentriert ist. Bitten Sie darum, dass die Energie frei durch Sie hindurchfließen kann und dass Ihre spirituellen Helfer Sie während der Übung leiten. Heben Sie Ihre Hände zu Ihrem dritten Auge und berühren Sie mit den Daumen Ihre Stirn. Sobald Sie sich wieder in sich selbst zentriert haben, können Sie die Sitzung fortsetzen, indem Sie Ihrer Intuition erlauben, Ihre Hände, Ihren Atem oder Ihren Blick zu lenken. Versuchen Sie, sich eher auf Ihre Sinne als auf Ihren Verstand zu konzentrieren, denn das wird Ihnen helfen, intuitiver zu handeln. Folgen Sie dem Fluss der Energie, wohin er auch immer führen mag, und denken Sie vor allem daran, sich selbst und Ihren spirituellen Helfern zu vertrauen.

Chiryo

Chiryo bedeutet, einfach ausgedrückt, „Behandlung" – und diese dritte Säule ist die aktive Komponente einer Reiki-Sitzung (Shirleytwofeathers, 2019). Für neue Reiki-Praktizierende bedeutet dies, dass sie ihre Hände in bestimmte Positionen bringen; für erfahrenere Praktizierende geschieht *Chiryo* eher intuitiv. Die Tätigkeit bei einer Reiki-Behandlung wird oft mit dem Auflegen der Hände auf die zu heilenden Körperbereiche gleichgesetzt. Es kann aber auch mehr als das sein: *Chiryo* kann ebenfalls das Betrachten, Streicheln, Klopfen, Pusten oder sogar Visualisieren beinhalten. Außerdem werden verschiedene Teile der Hand benutzt, z. B. die Handflächen und Fingerspitzen.

Um eine Behandlung zu beginnen, legen Sie Ihre Hände in die *Gassho*-Position und setzen eine Absicht für Ihre Behandlung. Erlauben Sie sich, die Reiki-Energie um Sie herum zu spüren, und lassen Sie sich von ihr leiten, während Sie Ihren Patienten heilen. Wenn Sie die Behandlung beendet haben, denken Sie daran, sich bei Ihren spirituellen Helfern zu bedanken, indem Sie erneut eine *Gassho*-Meditation durchführen. Lösen Sie dann die energetische Verbindung zwischen Ihnen und Ihrem Patienten und lassen Sie Ihre Energie zu sich selbst zurückkehren. Wenn Sie sich erden wollen, können Sie den Boden berühren oder Ihre Hände in kaltem Wasser waschen.

Kapitel 6:
Energie

Reiki ist die Kunst des Heilens mit Energie – und daher ist Ihre persönliche Energie für eine erfolgreiche Praxis von wesentlicher Bedeutung. Die Entrainment-Theorie ist in vielen Bereichen von zentraler Bedeutung, vor allem in der Physik; gleichzeitig ist sie auch ein wesentlicher Bestandteil der Reiki-Heilpraxis. Zu verstehen, wie Energie funktioniert und wie verschiedene Menschen und Objekte miteinander und mit der Energie, die uns umgibt, interagieren, ist für eine erfolgreiche Reiki-Sitzung unerlässlich. Neben dem Verständnis dieses Konzepts ist es auch wichtig, sich der Methoden bewusst zu sein, mit denen Sie Ihre eigene Energie verbessern können, damit Sie sich noch mehr für die Kraft von Reiki öffnen können.

Die folgenden Methoden werden in der Regel von Reiki-Praktizierenden angewandt, die Patienten behandeln, können aber auch leicht für die Zwecke der Selbstheilung angepasst werden. Ob Sie sich selbst oder jemand anderen behandeln, die Frequenz Ihrer Energie ist wichtig – und es liegt in Ihren Händen, sicherzustellen, dass Sie das Beste aus Ihren Reiki-Praktiken herausholen.

Entrainment

Im Jahr 1665 entdeckte der niederländische Physiker und Astronom Christiaan Huygens, dass zwei Pendel, die mit unterschiedlicher Geschwindigkeit nebeneinander schwingen, sich schließlich synchronisieren und im Rhythmus zueinander pendeln. Er nutzte die Gesetze der Physik, um dieses Phänomen weiter zu erforschen, und entwickelte das physikalische Konzept des *„Entrainment"* (Clayton, 2012). Er stellte auch fest, dass das Entrainment nicht nur auf die Physik, sondern ebenso auf die Gesetze der Chemie, Biologie, Pharmakologie, Psychologie, Medizin und sogar Soziologie anwendbar ist.

Entrainment ist universell und in fast allem, was wir kennen, vorhanden – aber was ist es? Eine grundlegende Definition von *Entrainment* ist der „Prozess, bei dem etwas das gleiche Muster oder den gleichen Rhythmus wie etwas anderes hat" (Cambridge Dictionary, o. D.). Wenn eine Person zum Beispiel Musik hört, wippt sie wahrscheinlich unbewusst mit dem Fuß im Rhythmus des Liedes; oder ein einzelnes männliches Glühwürmchen synchronisiert das Blinken seines Lichts mit dem anderer Männchen. Ein Blatt fällt im gleichen Rhythmus wie der Wind, der es in der Luft hält, und ein Stock in einem Fluss fließt im gleichen Rhythmus wie die Strömung des Flusses. Menschen, die viel Zeit miteinander verbringen, fangen unweigerlich an, sich auf die gleiche Weise zu kleiden und zu sprechen, und wenn Sie sich in der Nähe anderer Menschen aufhalten, werden sich Ihre Gehirnwellen mit denen der anderen synchronisieren, sodass Sie beginnen, deren Stimmung nachzuahmen und sie als Ihre eigene zu erleben. Mit anderen Worten: Die Energie des einen Objekts stimmt sich auf die Energie des anderen ein, sodass sich das weniger dominante Objekt im Einklang mit dem anderen bewegt. Der Grund, warum dies auf natürliche Weise geschieht, ist, dass Energie gespart werden soll: Wenn die verschiedenen Teile eines Systems zusammenarbeiten, verbraucht das Gesamtsystem weniger Energie als es sonst der Fall wäre. Gleichzeitig bedeutet dies auch, dass dasselbe System mehr Energie leiten kann, wodurch es effizienter wird.

Da die Energie einen großen Teil der Theorie des Entrainments ausmacht, hat sie wichtige Auswirkungen auf die Reiki-Heilung. Wenn ein Praktizierender jemanden heilt, fließt die universelle Reiki-Energie um ihn herum in sein Kronenchakra, seine Arme hinunter und in seine Hände. Von hier aus verlässt sie den Körper des Praktizierenden und tritt in den Körper des Patienten ein; sie wandert dann zu den Stellen, an denen eine Neuausrichtung oder Heilung erforderlich ist. Die Reiki-Energie stimmt die Energie des Patienten auf ihre eigene Schwingung ein, und auf diese Weise wird die Harmonie der energetischen Schwingungen des Patienten mit der des universellen *Ki* wiederhergestellt.

Während es eine Wechselwirkung zwischen der Energie des Universums und der Energie des Individuums gibt, kommt es auch zu einer Beziehung zwischen den energetischen Schwingungen zweier Individuen. Erinnern Sie sich daran, dass zwei schwingende Körper – und das sind Menschen – sich aufeinander „einstimmen", um in Harmonie zu schwingen. Genauer gesagt, wird sich die Energie des schwächeren Körpers auf die des stärkeren Körpers einstellen und anfangen, auf der gleichen Frequenz zu schwingen. In der Reiki-Praxis bedeutet dies, dass die Energie des Patienten in der gleichen Frequenz schwingen wird wie die des Behandlers, vorausgesetzt, der Behandler ist der ausgeglichenere und harmonischere Körper von beiden. Daher fühlen sich Patienten oft schon kurz nach Beginn einer Reiki-Sitzung ruhiger und gelassener: Ihre Energie hat sich mit der ihres Heilers synchronisiert, der im Idealfall ruhig und zentriert sein sollte.

Zusammen mit ihrem Patienten werden Reiki-Heiler wahrscheinlich eine körperliche Erfahrung mit der sie umgebenden Energie machen.

Dazu können Empfindungen wie Pulsieren, Vibration oder Wärme in den verschiedenen Chakren und den Händen gehören. Es kann auch sein, dass der Heiler die Energie in Form von Partikeln aus goldenem oder weißem Licht durch sein inneres Auge sehen kann. Gleichzeitig kann der Heiler spüren, dass seine Stimmung freudiger, friedlicher und erhebender wird.

Je entspannter ein Reiki-Praktizierender ist, desto entspannter wird auch sein Patient sein. Solange der Reiki-Praktizierende in einem meditativen Zustand bleibt, ist seine Energie mit der des Universums im Einklang, und das bedeutet, dass auch die Energie des Patienten im Einklang ist. Ein Patient wird sich auch auf die Umgebung einlassen, die sein Heiler ihm bietet. Wenn die Energie im Raum ausgeglichen und ruhig ist, spiegelt sich dies in der Energie sowohl des Patienten als auch des Heilers wider. Daher ist es für einen Reiki-Praktizierenden wichtig, nicht nur auf den Raum zu achten, in dem er seine Sitzungen abhält, sondern sich auch auf seine eigene Energie zu konzentrieren und Übungen durchzuführen, um seine energetischen Schwingungen zu erhöhen.

Verbesserung der Energie Ihrer Praxis

Die Energie des Raumes

Die Luft um uns herum besteht aus winzigen vibrierenden Molekülen, von denen sich jedes mit einer bestimmten energetischen Frequenz bewegt. Wenn wir uns durch einen Raum bewegen, interagieren die Schwingungen dieser Moleküle mit der Bewegung der Atome, aus denen unser Körper besteht, und so werden wir von unserer Umgebung beeinflusst. Gleichzeitig beeinflussen diese Moleküle die Schwingungen unserer Gehirnströme, weshalb ein Reiki-Praktizierender während einer Heilsitzung sehr genau auf die Energie im Raum achten muss.

Der erste Weg, um sicherzustellen, dass ein Raum eine „gute" Energie hat, besteht darin, für eine angenehme Temperatur zu sorgen. Ein zu heißer oder zu kalter Raum lenkt den Heiler und seinen Patienten ab und wirkt sich negativ auf die energetischen Schwingungen beider aus. Es ist auch wichtig, dafür zu sorgen, dass der Raum gut belüftet ist und dass ausreichend frische Luft durch den Raum strömt. Unordnung und eine chaotische Einrichtung ziehen negative Energien an. Achten Sie also darauf, dass der Raum aufgeräumt und frei von unnötigen Gegenständen ist. Um die Energie des Raumes weiter zu verbessern, können Sie den Raum mit einem Räucherstäbchen oder getrocknetem Zedernholz, Süßgras, Lavendel oder Weihrauch reinigen, je nachdem, welche Art von Energie Sie kultivieren möchten. Zedernholz zum Beispiel ruft schützende Energie hervor, während Süßgras weibliche Energie in den Raum einlädt. Andere heilige Kräuter, die in Räucherzeremonien verwendet werden, sind Kopal – ähnlich wie Weihrauch – oder Myrrhe. Um einen Raum zu reinigen, müssen Sie Folgendes tun:

1. Nehmen Sie sich etwas Zeit, um Ihren Geist und Ihre Seele zu beruhigen. Sie können sogar meditieren, bevor Sie mit der Reinigungszeremonie beginnen. Es ist wichtig, sich eine Absicht zu setzen, bevor Sie mit dem Prozess beginnen, und über die Art von Raum nachzudenken, den Sie für Ihre Reiki-Behandlungen schaffen möchten.

2. Zünden Sie eine Kerze an – diese Kerze sollte nur für Reinigungsrituale verwendet werden.

3. Zünden Sie Ihr Räucherstäbchen mit der Kerze an; es sollte schwelen und qualmen, aber keine Flammen bilden.

4. Beginnen Sie am Eingang des Raumes. Halten Sie Ihr Räucherstäbchen in einer Hand und gehen Sie im Uhrzeigersinn durch den Raum, sodass der Rauch den gesamten Raum ausfüllt.

Achten Sie darauf, dass der Rauch in jeden Winkel und jede Ritze, auch in Schränke und Ecken, zieht. Diese Bewegung im Uhrzeigersinn wird Umschreiten genannt.

5. Während Sie sich im Raum bewegen, kann es nützlich sein, ein Gefäß – z. B. eine Tonschale oder eine Abalone-Muschel – unter das Räucherstäbchen zu halten, um die Glut oder Asche aufzufangen, die vom Stäbchen fällt. Dieses Gefäß sollte nur für Räucherzeremonien verwendet werden.

6. Sie können auch Mantras rezitieren, während Sie sich im Raum bewegen; wenn Sie sich dafür entscheiden, wählen Sie etwas, das für Sie und Ihre Praxis von Bedeutung ist. Rufen Sie Ihre spirituellen Helfer an und bitten Sie diese darum, Sie durch den Heilungsprozess zu führen.

7. Sobald Sie durch den ganzen Raum geschritten und wieder am Eingang angekommen sind, löschen Sie das Räucherstäbchen in einer Schüssel mit Sand.

8. Stellen Sie sich vor, dass der Raum mit einem hellen, weißen Licht erfüllt ist, und denken Sie dann noch einmal über die Absicht nach, die Sie für Ihre Zeremonie festgelegt haben. Sie können diese Absicht sogar laut in den Raum sprechen, um sicherzugehen, dass sie die Leere füllt, die durch den Reinigungsprozess entstanden ist.

Das Ausräuchern sollte vorzugsweise vor und nach einer Heilsitzung stattfinden, erstens, um den Raum für den Patienten vorzubereiten, und zweitens, um den Raum von jeglicher negativen Energie zu befreien, die der Patient möglicherweise mitgebracht hat. Die Energie eines Raumes kann auch durch die Verwendung ätherischer Öle, das Verbrennen von Räucherstäbchen oder sogar durch das Aufstellen von

Blumen im Raum verbessert werden. Auch Gegenstände wie Kristalle oder Bilder von Reiki-Heilern – insbesondere von Usui, Hayashi und Takata – können sich positiv auf die Energie eines Raumes auswirken. Um die Aufnahmefähigkeit des Patienten zu verbessern, können Sie während der Sitzung beruhigende Musik abspielen.

Die Energie des Heilers

Bevor Ihr Patient eintrifft, führen Sie zunächst eine *Gassho*-Meditation durch, um Ihre eigene Energie ins Gleichgewicht zu bringen. Legen Sie dann die Meister- und Kraftsymbole auf Ihre Handchakren; dies wird in den Kapiteln 7 und 11 ausführlicher behandelt. Um Ihre eigene Energie zu schützen, zeichnen Sie mit Ihren Händen ein großes Kraftsymbol auf die Vorderseite Ihres Körpers und kleinere Kraftsymbole auf alle Ihre Chakren. Um die Schwingung Ihres Klienten zu erhöhen, können Sie ihm Reiki-Energie schicken, während er noch auf dem Weg zu Ihnen ist.

Während einer Reiki-Sitzung ist es am besten, ruhig zu bleiben und sich auf die Praxis zu konzentrieren. Behandeln Sie sie mit Ehrfurcht: Sie vollziehen einen spirituellen Akt, und die Energie, die durch Sie fließt, verdient den nötigen Respekt und die nötige Wertschätzung. Versuchen Sie, Ihre Aufmerksamkeit auf das Gefühl der durch Sie fließenden Energie zu richten, um ihren Fluss zu verstärken. Wenn Sie über diese Energie meditieren, wird Ihr Geist beginnen, in Harmonie mit ihr zu schwingen, und das kann Ihnen und Ihrem Patienten nur zugutekommen. Gebete, die Sie entweder laut oder leise zu sich selbst sprechen, können die Energie der Praxis ebenfalls verstärken. Diese Gebete können an jede höhere Macht gerichtet sein, einschließlich aufgestiegener Reiki-Meister, Saint Germain, Jesus, Babaji, Krishna, Buddha, Engel, Ihr höheres Selbst, Geistführer oder sogar die Quelle der Reiki-Energie selbst.

Ein weiterer wichtiger Aspekt der energetischen Frequenzen bei der Durchführung einer Reiki-Sitzung ist Ihre Absicht. Es ist wichtig, den aufrichtigen Wunsch zum Ausdruck zu bringen, mit der Energie um Sie herum zu verschmelzen und die Energie Ihres Patienten zu heilen. Dieser Wunsch sollte mit einem offenen Herzen und Geist einhergehen und mit der Bereitschaft, zur Seite zu treten und sich führen zu lassen. Eine Möglichkeit, Ihre Energie zu verbessern, besteht darin, sich in Ihrer Praxis zu vertiefen. Indem Sie zum Beispiel zusätzliche Einstimmungen erhalten und die entsprechenden Symbole verwenden, können Sie noch mehr mit der Reiki-Energie um Sie herum verschmelzen und so Ihren Patienten mehr Heilung bringen. Andere Methoden zur Verbesserung sind Selbsthypnose, Meditation oder das Anhören einer Aufnahme von „Chanting Reiki Masters", die einen Gesang mit den Namen aller Reiki-Symbole enthält.

Praktizierende sind auch nur Menschen, und manchmal kann ihre Energie blockiert oder unausgeglichen sein. Wenn Sie selbst Reiki-Behandlungen erhalten, können Sie sicherstellen, dass Ihre energetischen Schwingungen hoch bleiben und Ihre Verbindung zu Ihren spirituellen Helfern weiterhin stark ist. Wenn Sie andere behandeln, verbessert sich auch Ihre Energie, also scheuen Sie sich nicht, denen zu helfen, die es brauchen! Es gibt eine Fülle von Energie in der Welt und sie kann nie aufgebraucht werden: Je mehr Sie teilen, desto mehr werden Sie erhalten. Vergessen Sie auch nicht, dass Ihre körperliche Gesundheit eine wichtige Rolle für Ihren Energiefluss spielt. Sich gesund zu ernähren, regelmäßig Sport zu treiben und ausreichend zu schlafen ist wichtig, um den Energiefluss in Ihrem Körper zu verbessern. Je mehr Sie sich um sich selbst kümmern, desto mehr können Sie sich auch anderen widmen.

Kapitel 7:
Chakren

Stellen Sie sich Ihren Körper als eine von Energie angetriebene Maschine vor. Es ist schön und gut zu sagen, dass Sie Energie aus dem Raum um Sie herum aufnehmen, aber wie wird sie durch Ihren Körper von einem Bereich zum nächsten verteilt? Die Antwort lautet: mithilfe der Chakren. Reiki zielt darauf ab, die Energie eines Menschen zu heilen und wieder ins Gleichgewicht zu bringen, und die einzige Möglichkeit, dies zu tun, besteht darin, die Mechanismen anzugehen, durch die sich diese Energie bewegt. Das Verständnis der Chakren – was sie sind, woher das Konzept stammt und welche Auswirkungen sie auf Körper, Geist und Seele haben – ist für jeden unerlässlich, der sich selbst oder andere mit den magischen Kräften von Reiki heilen möchte.

Was ist ein Chakra?

Wie in Kapitel 1 erwähnt, bedeutet *Chakra* „Rad des Lebens". Es handelt sich um ein uraltes Sanskrit-Konzept, das aus den heiligen indischen Veden stammt. Es ist unklar, wann das Wissen über die Chakren zum ersten Mal dokumentiert wurde, aber es war wahrscheinlich irgendwann zwischen 1500 v. Chr. und 1000 v. Chr. (Stelter, 2016). Das bedeutet, dass die Chakren im heutigen Westen zwar ein relativ neuer Begriff sind, die Wissenssysteme im Osten aber schon seit Tausenden von Jahren mit ihnen arbeiten. Sie gelten als spirituell und heilig – und, was am wichtigsten ist, als wesentlich für das Leben.

Die Chakren sind drehende Scheiben – oder Räder –, die sich an verschiedenen Stellen des Körpers befinden. Ihr Ziel ist es, die Energie zwischen den verschiedenen Teilen des Körpers zu bewegen, einschließlich der Nerven, der Organe, der Wahrnehmung und der emotionalen Bereiche. Diese Scheiben bilden ein zusammenhängendes System von Bewegungs- und Energiekanälen, das den Körper belebt und uns Leben schenkt. Was passiert mit einer Uhr, wenn eines ihrer Zahnräder stecken bleibt? Oder mit einem Wagen, wenn sich ein Rad löst? Ganz genau: Das ganze Objekt funktioniert nicht mehr. Das Gleiche geschieht mit unserem Körper, wenn eines unserer Chakren festsitzt oder aus der Ausrichtung fällt. Die Energie wird nicht mehr in ausgewogener Weise durch unser System transportiert, und das Ergebnis sind die verschiedenen Ungleichgewichte, die wir als körperliche, geistige und emotionale Beschwerden wahrnehmen. Wir sind von ihnen abhängig, aber gleichzeitig sind sie auch voneinander abhängig – wenn sie nicht alle effektiv funktionieren, ist ein Ungleichgewicht im Gesamtsystem vorprogrammiert.

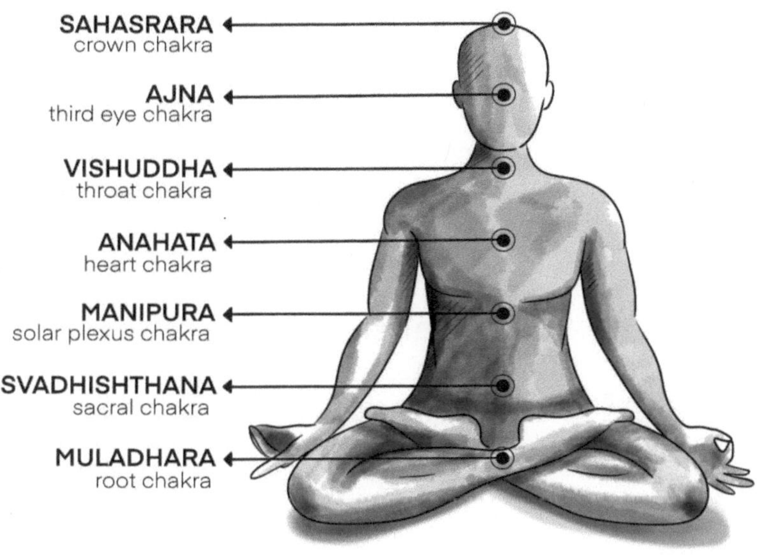

Es ist umstritten, wie viele Chakren es genau gibt, aber es wird allgemein angenommen, dass jeder Mensch sieben Hauptchakren hat, die sich entlang der Wirbelsäule befinden. Von oben beginnend sind dies das Kronenchakra, das Stirnchakra (auch Drittes-Auge-Chakra), das Kehl- oder Halschakra, das Herzchakra, das Nabelchakra (auch Solarplexus-Chakra), das Sakralchakra und das Wurzelchakra. Jedes Chakra entspricht einem anderen Teil des Körpers, und wenn Chakren blockiert oder aus dem Gleichgewicht geraten, können sie für verschiedene Ungleichgewichte und Krankheiten verantwortlich sein. Jedes Chakra hat einen bestimmten Ort, einen Namen und eine Nummer, und jedes Chakra ist mit einer eigenen Farbe, einem Mantra, einem Element, einem Symbol, einem Stein und einem Tier verbunden. Um ein aus dem Gleichgewicht geratenes Chakra zu heilen, ist es wichtig zu wissen, für welche körperlichen, geistigen und emotionalen Aspekte das jeweilige Chakra verantwortlich ist und welche Symptome der Disharmonie für diesen spezifischen Energiepunkt bestehen. Darüber hinaus kann das Wissen über die verschiedenen Assoziationen jedes Chakras – sein Element, seine Farbe, sein Tier und sein Symbol – Ihnen helfen, das Ungleichgewicht in Ihrem Körper oder Geist zu behandeln. Jedem Chakra ist auch eine bestimmte Yoga-Pose und eine *Hand-Mudra* zugeordnet, die als Teil des Prozesses der Neuausrichtung dieses bestimmten Chakras verwendet werden können.

Die sieben Chakren

Das Wurzelchakra

Das erste Chakra ist als *Muladhara-Chakra* oder *Wurzelchakra* bekannt. Es befindet sich an der Basis Ihrer Wirbelsäule in der gleichen Region wie Ihr Steißbein. Die Farbe dieses Chakras ist Rot und sein Element ist die Erde. Sein Symbol ist eine rote Lotusblume mit vier Blütenblättern, sein symbolischer Stein ist der Hämatit, und das Tier, mit dem es assoziiert wird, ist der Elefant. Das Wurzelchakra hat mit Stabilität und Erdverbundenheit zu tun, sowie mit unserer körperlichen Identität und unserer Fähigkeit zu überleben. Es steht auch für unsere Verbindung mit dem Boden unter unseren Füßen und dem Planeten als Ganzes. Dieses Chakra ist die Heimat des menschlichen Überlebensinstinkts, unseres Potenzials, unserer Fähigkeit, Freude und Schmerz zu empfinden, und unserer Sexualität. Auf psychologischer Ebene regelt *Muladhara* unseren Sinn für Stabilität, unsere Sinnlichkeit und unsere Spiritualität; es ist auch das, was uns ein Gefühl der Sicherheit gibt.

Das Wurzelchakra ist zutiefst mit Überleben, Sicherheit und Stabilität verbunden und wird daher durch Angst blockiert. Es ist auch der Ort des Mutes, daher sind Gefühle von Angst oder Unruhe ein sicheres Zeichen dafür, dass das Wurzelchakra Aufmerksamkeit benötigt. Weitere Anzeichen für Blockaden in diesem Bereich sind mangelnde

Disziplin, finanzielle Instabilität, Unsicherheit, Faulheit, Lethargie, Depressionen, Habgier, Angst vor Veränderungen und Desorganisation im Leben. Körperliche Symptome eines *Muladhara*-Ungleichgewichts sind Arthritis, Verstopfung, Darmprobleme, Blasenprobleme, Schmerzen im unteren Rücken, ständige Müdigkeit und unnatürlich kalte Hände und Füße.

Eine der effektivsten Möglichkeiten, das Wurzelchakra neu auszurichten, ist körperliche Bewegung oder die Yoga-Pose des Kriegers I. Sie können sich auch mit der Farbe Rot umgeben – zum Beispiel, indem Sie rote Lebensmittel essen oder rote Kleidung tragen – oder Sie versuchen, Ihre Angst zu analysieren, damit Sie sie loslassen können. Um über ein Ungleichgewicht im Wurzelchakra zu meditieren, berühren Sie die Spitzen von Daumen und Zeigefinger und legen Sie Ihre Hände auf Ihre Beine. Versuchen Sie, einen klaren Kopf zu bekommen, und konzentrieren Sie sich auf das Mantra des *Muladhara*, „lam" (ausgesprochen „lang"). Wenn möglich, sprechen Sie es laut aus: Das Mantra des Wurzelchakras – oder jedes anderen Chakras – zu vokalisieren, kann die speziellen Frequenzen erzeugen, die nötig sind, um dieses Chakra wieder in Einklang zu bringen.

Das Sakralchakra

Chakra Svadhishthana – oder das *Sakralchakra* – befindet sich im Raum zwischen dem Nabel und der Leiste. Seine Farbe ist Orange, sein Stein ist ein Tigerauge, und sein zugehöriges Element ist Wasser. Es wird durch eine Mondsichel in einer weißen Lotusblume mit sechs orangen Blütenblättern symbolisiert. Das Tier des Sakralchakras ist das Krokodil von Varuna, dem Hindugott. Die Körperteile, mit denen es in Verbindung gebracht wird, sind die Hoden und Eierstöcke sowie die von diesen Organen produzierten Sexualhormone und der Fortpflanzungszyklus, für den sie verantwortlich sind. Es hat auch eine enge Beziehung zum endokrinen System – insbesondere zu den Nebennieren – und zum Harnsystem.

Chakra Svadhishthana ist die Quelle unserer Leidenschaften, Ambitionen, Fantasien und Träume, und es reguliert unsere sexuellen und emotionalen Zentren. Am wichtigsten ist, dass unsere Fähigkeit, kreativ zu sein, mit unserem Sakralchakra verbunden ist, ebenso wie unsere Fähigkeit, Freude zu erleben. Wenn dieses Chakra durch Schuld- oder Schamgefühle blockiert ist, kann dies dazu führen, dass wir unseren Selbstwert infrage stellen, insbesondere in Bezug auf Vergnügen, Sexualität und Kreativität. Eine Disharmonie in diesem Bereich kann auch zu emotionaler Distanzierung, mangelnder sozialer Kompetenz, fehlendem Enthusiasmus und fehlender Leidenschaft, Schwierigkeiten bei der Motivations- und Richtungsfindung und dem Bedürfnis, sich Vergnügen zu versagen, führen. Körperliche Symptome einer Blockade des Sakralchakras sind Harnwegsinfektionen, Impotenz und Schmerzen im unteren Rücken.

Das Mantra von *Svadhishthana* ist „vam" (ausgesprochen „wang"). Um eine Meditation durchzuführen, die sich auf dieses Chakra konzentriert, legen Sie Ihre Handflächen übereinander und in Ihren Schoß. Sprechen Sie das Mantra und richten Sie Ihre Aufmerksamkeit auf den Raum unter Ihrem Bauchnabel. Andere Möglichkeiten, dieses Chakra zu öffnen, bestehen darin, sich der Farbe Orange auszusetzen oder durch das Ansehen von Filmen bzw. das Lesen von Büchern Emotionen oder Erregung in sich zu wecken. Sie können auch die Yoga-Pose Schustersitz einnehmen, um die untere Bauchregion zu stimulieren. Am wichtigsten ist es jedoch, die Ursache Ihrer Schuld und Scham zu verstehen und sich von der Schuld, die Sie sich selbst auferlegt haben, zu befreien. Nur wenn Sie loslassen, können Sie zu einem Ort des Friedens und der Harmonie zurückkehren.

Das Nabelchakra

Der Raum im Oberbauch zwischen der Magengegend und dem Brustbein ist der Ort des *Chakras Manipura*, auch *Solarplexus-Chakra* oder *Nabelchakra* genannt. *Manipura* wird symbolisiert durch die Farbe Gelb, Bernstein, das Element Feuer und ein gelbes, auf dem Kopf stehendes Dreieck, das von zehn gelben Blütenblättern umgeben ist. Physisch gesehen ist es mit den Organen des Verdauungssystems und des Stoffwechsels sowie mit der Bauchspeicheldrüse und den Nebennieren verbunden. Daher können Blockaden in diesem Bereich zu Verdauungsproblemen wie Sodbrennen, Geschwüren, Verstopfung und Verdauungsstörungen führen. Das Nabelchakra kann auch für Essstörungen, Diabetes und sogar Gedächtnisverlust verantwortlich sein.

Es besteht ein enger Zusammenhang zwischen unserem Selbstwertgefühl, unserem Selbstvertrauen und unserem Selbstbewusstsein. Wenn Sie Schwierigkeiten haben, Teile von sich selbst zu akzeptieren – seien es Aspekte Ihrer Persönlichkeit oder Dinge, die Ihnen in der Vergangenheit widerfahren sind – kann *Manipura* blockiert werden. Zusammen mit Scham und Selbstzweifeln kann dies Ihr Selbstvertrauen untergraben und dazu führen, dass Sie sich schwach, unsicher, unkontrolliert und machtlos fühlen. Es kann auch dazu führen, dass Sie Ihre Handlungen und Ihr Verhalten zu sehr überdenken und sich zu sehr darum kümmern, wie andere Sie wahrnehmen. Das kann dazu führen, dass Sie anfangen, anderen die Schuld an Ihrem Unglück zu geben, oder dass Sie sich in die Position und Denkweise eines ewigen Opfers versetzen. Auf der anderen Seite kann ein überstimuliertes Chakra dazu führen, dass Sie als herrschsüchtig, kontrollierend und ehrgeizig erscheinen.

Das Nabelchakra ist bemerkenswert, denn es ist der Ort unseres „Bauchgefühls". Wann immer Sie Schmetterlinge im Bauch oder eine Schwere in der Magengrube spüren, kommuniziert Ihr Chakra durch körperliche Empfindungen mit Ihnen. Um die Fähigkeit, auf sich selbst zu hören und gute Entscheidungen zu treffen, zu nutzen, können Sie *Manipura* stimulieren, indem Sie die Bootspose einnehmen oder über das Mantra „ram" (ausgesprochen „rang") meditieren, wobei Sie Ihre Hände mit von Ihnen wegzeigenden Fingern auf den Bauch legen. Es kann auch nützlich sein, auf Ihre Beziehung zu sich selbst zu achten, insbesondere auf Dinge, für die Sie sich schämen oder die Selbstzweifel auslösen. Das Nabelchakra kann außerdem durch körperliche Aktivität oder geistige Anstrengung, z. B. durch das Lösen von Rätseln, geöffnet werden.

Herzchakra

Chakra Anahata – oder das *Herzchakra* – befindet sich in der Mitte der Brust, neben dem Herzen. Wie zu erwarten, ist dies das Chakra der Liebe: Es ist der Ursprung unseres Mitgefühls und unserer Fähigkeit, uns mit anderen zu verbinden. *Anahata* wird durch zwei sich kreuzende Dreiecke symbolisiert, die von einer grünen Blume mit zwölf Blütenblättern umgeben sind; das Symbol soll die Vereinigung von Männlichem und Weiblichem darstellen. Das Herzchakra ist auch die Brücke zwischen den unteren Chakren, die das Materielle symbolisieren – dem Sakralchakra, dem Wurzelchakra und dem Nabelchakra – und den drei oberen Chakren, die mit der Spiritualität verbunden sind. Weitere Symbole des Herzchakras sind der Rosenquarz und das Element Luft.

Ein blockiertes Herzchakra behindert Ihre Fähigkeit, Liebe zu geben und zu empfangen, und Sie könnten feststellen, dass Sie andere auf eine Weise über sich selbst stellen, die Ihnen schadet. Zu den Gefühlen, die in diesem Bereich mit einer Disharmonie verbunden sind, gehören Einsamkeit, Angst vor Ablehnung, Angst vor Intimität, Schüchternheit, Unsicherheit, ein Gefühl der Isolation und Schwierigkeiten, sich mit anderen zu verbinden. Es kann auch dazu führen, dass es Ihnen an

Einfühlungsvermögen mangelt oder dass Sie eifersüchtig oder besitzergreifend werden. Zu den körperlichen Symptomen eines blockierten Herzchakras gehören Herzprobleme, Schwierigkeiten, ein gesundes Gewicht zu halten, Asthma, Brustkrebs, Muskelverspannungen und hoher Blutdruck.

Anahata wird typischerweise durch Trauer und Schmerz blockiert. Um diese Blockade zu lösen, kann es hilfreich sein, sich an Familie oder Freunde zu wenden oder einen romantischen Ausflug mit einem Partner zu planen. Offene Kommunikation, Umarmungen und Zeit in der Natur sind Möglichkeiten, den Weg zurück zu Ihrem eigenen Herzen zu finden, ebenso herzöffnende Yoga-Posen wie die Kamelhaltung. Alternativ können Sie sich mit der Farbe Grün beschäftigen, indem Sie grüne Lebensmittel essen, grüne Kleidung tragen oder sich mit grünen Gegenständen oder den Symbolen des Herzchakras umgeben. Um die *Hand-Mudra* für *Anahata* auszuführen, führen Sie die Spitzen Ihres rechten Daumens und Zeigefingers zusammen. Legen Sie diese Hand vor die Stelle, an der Ihr Brustbein endet, und stützen Sie Ihre linke Hand auf Ihr Knie. Um sich während der Meditation auf dieses Chakra zu konzentrieren, können Sie auch das Mantra „yam" (ausgesprochen „yang") rezitieren, während Sie Ihre Aufmerksamkeit auf Gefühle der Liebe und des Mitgefühls richten. Denken Sie daran, dass der Verlust ein Ende, aber auch ein neuer Anfang ist, und dass der beste Weg durch die Trauer darin besteht, sich auf die Menschen zu konzentrieren, die Sie lieben und für Sie sorgen.

Kehlchakra

Neben dem Schlucken wird die Kehle am häufigsten zum Sprechen benutzt; deshalb ist das *Kehlchakra* – auch Halschakra oder *Chakra Vishudda* – das Chakra der Kommunikation. Es befindet sich an der Basis des Halses in der Mitte des Schlüsselbeins. Das Symbol des Kehlchakras ist ein Kreis in einem nach unten zeigenden Dreieck, das von 16 blauen Blütenblättern umschlossen wird. Die Farbe von *Vishudda* ist Blau, sein Element ist Klang oder Musik, und es wird durch aquamarinfarbene Edelsteine symbolisiert. Es kann durch die Yoga-Pose Fisch stimuliert werden.

Das Kehlchakra ist mit der Schilddrüse und dem Kehlkopf und verbunden. Disharmonie in diesem Bereich kann sich als Problem mit der Stimme und dem Rachen, der Schilddrüse, den Hormonen, dem Zahnfleisch, den Zähnen oder dem Mund äußern. Es kann auch Stimmungsschwankungen, Menopause oder Fieber verursachen. Menschen mit einem blockierten Kehlchakra können sich dabei ertappen, wie sie über andere lästern, sprechen ohne nachzudenken oder Schwierigkeiten haben, sich gut auszudrücken. Eine andere Art, wie sich *Vishudda* manifestiert, ist die Verengung, die man im Hals spürt, wenn man wütend oder frustriert ist oder Angst hat, vor anderen zu sprechen.

Wenn Ihr Kehlchakra im Einklang ist, wird es Ihnen leichtfallen, sich selbst in Ihren Worten treu zu bleiben und mit Aufrichtigkeit und Vertrauen zu sprechen. Sie werden auch in der Lage sein, mit Mitgefühl zuzuhören und wissen, wie und wann Sie antworten müssen, damit Sie eine positive Wirkung auf die Menschen um Sie herum haben. *Vishudda* wird durch Selbstverleugnung, Selbstzweifel und vor allem durch Lügen blockiert. Der Weg, dieses Chakra zu öffnen, besteht darin, über die Lügen in Ihrem Leben oder die Wahrheiten, die Sie immer wieder leugnen, nachzudenken: Das können Dinge sein, die Sie anderen Menschen oder sich selbst erzählen. Sie können auch die Hand-Mudra für *Vishudda* ausführen, indem Sie Ihre Finger in den Handflächen kreuzen und die Daumenspitzen über den gekreuzten Fingern zu einem Kreis zusammenführen. Kombinieren Sie diese Mudra mit dem Mantra „ham" (ausgesprochen „ham"), während Sie sich auf den Raum an der Basis Ihrer Kehle konzentrieren. Eine weitere

Möglichkeit, das Kehlchakra zu öffnen, ist das freie Aussprechen oder Artikulieren Ihrer Gefühle: Unter der Dusche zu singen, mit anderen Menschen über Dinge zu sprechen, die Ihnen am Herzen liegen, und sogar jemandem einen Brief zu schreiben, kann Ihnen helfen, sich besser auszudrücken und Ihr Chakra wieder in Einklang zu bringen.

Stirnchakra

Chakra Ajna: das *Drittes-Auge-Chakra* oder *Stirnchakra*. Dieser energetische Punkt befindet sich zwischen den Augen, in der Mitte des unteren Teils der Stirn. Es ist der Ort der Intuition und der Imagination und wird mit Amethysten und der Farbe Indigo in Verbindung gebracht. Es ist ein Zeichen der Verbindung mit dem Göttlichen, weshalb das Element dieses Chakras das Licht ist. Es wird durch eine violette, tiefblaue oder indigofarbene Lotosblume mit zwei Blütenblättern symbolisiert. Um *Ajna* durch Yoga zu stimulieren, können Sie Ihre Stirn direkt auf den Boden legen, während Sie die Kindhaltung einnehmen.

Das Stirnchakra ist direkt mit den Drüsen und Nerven um Augen, Kopf und Ohren verbunden. Ein blockiertes Chakra kann sich durch Probleme mit dem Gedächtnis, dem Sehvermögen, dem Gehör, der Konzentration, Orientierungslosigkeit und Kopfschmerzen äußern. Es kann auch die Ursache für Schlafstörungen und Lernschwierigkeiten sein. Ein überstimuliertes Chakra kann Halluzinationen, Wahnvorstellungen und Alpträume sowie zwanghaftes Verhalten hervorrufen. Auf metaphysischer Ebene kann eine Disharmonie in diesem Bereich zu Schwierigkeiten mit der Intuition und unserer Fähigkeit, das große Ganze zu sehen und die Zukunft zu visualisieren, führen.

Wenn *Ajna* im Einklang ist, sind Sie viel mehr im Einklang mit sich selbst und Ihrer Umgebung, und Sie können sogar in Visionen eingeweiht werden. Sie werden auch in der Lage sein, Menschen leichter zu lesen und haben mehr Einblick in ihre Absichten. Um dieses Chakra zu öffnen – und all das Potenzial, das es in sich birgt – können Sie sich mit visueller Kunst beschäftigen, z. B. mit Zeichnen oder Malen. Auch eine Massage des Dritten Auges mit ätherischen Ölen, während Sie eine schöne Umgebung – wie den Sternenhimmel oder eine Landschaft – betrachten, kann es wieder in Einklang bringen. Alle indigoblauen, tiefvioletten oder dunkelvioletten Nahrungsmittel, Kleidungsstücke oder Gegenstände können *Ajna* stimulieren, ebenso wie das Singen des Mantras „Om" während Ihrer Meditationspraxis. Um die Hand-Mudra des Stirnchakras auszuführen, führen Sie die Spitzen Ihrer Mittelfinger zusammen und halten Sie sie gerade, während Sie die anderen Finger zur Handfläche hin beugen. Führen Sie die Daumenspitzen zusammen und richten Sie sie auf sich selbst.

Das Dritte Auge ist essenziell für Einsicht und Wissen; es wird durch jegliche Illusionen über sich selbst oder andere blockiert. Um *Ajna* offenzuhalten, ist es wichtig, ständig über die Illusionen nachzudenken, mit denen wir uns umgeben, und uns aus ihrem Griff zu befreien. Als angehende Heilerin oder angehender Heiler spielt Ihre Intuition als eine der drei Säulen des Usui-Systems eine große Rolle in Ihrer Reiki-Praxis. Jegliche Schwierigkeiten beim Praktizieren von *Reiji-ho* können daher gelöst – oder zumindest verbessert – werden, indem Sie der Ausrichtung Ihres Stirnchakras mehr Aufmerksamkeit schenken.

Kronenchakra

Der Inbegriff der Spiritualität befindet sich oben auf dem Kopf in Form von *Chakra Sahasrara* oder dem *Kronenchakra*. Es ist die Quelle der Verbindung, der Bestimmung und der Erleuchtung. Seine charakteristische Farbe ist weißes Licht – auch wenn es oft als violett dargestellt wird – und sein zugehöriges Element ist das göttliche Bewusstsein. Dieses Energiezentrum ist in erster Linie mit dem Nervensystem und dem Gehirn verbunden, aber auch mit allen anderen Organen des Körpers und mit allen anderen Chakren. *Sahasrara* wird durch klaren Quarz und durch eine Lotusblume mit tausend Blütenblättern in verschiedenen Farben symbolisiert.

Ein offenes Kronenchakra gibt Ihnen ein Gefühl von erhöhter Aufmerksamkeit und Intelligenz. Es ist auch der Ort des spirituellen Bewusstseins und der Ort, an dem Weisheit gefunden werden kann. Wenn ein Reiki-Praktizierender mit dem universellen *Ki* kommuniziert, fließt die Reiki-Energie zunächst in sein Kronenchakra, bevor sie sich im restlichen Körper ausbreitet. Es ist daher ein sehr wichtiges Zentrum für langfristige Gesundheit und eine ständige Verbindung zum Universum. Je offener und ausgeglichener *Sahasrara* ist, desto offener sind auch die anderen Chakren, und desto näher kommt der Mensch der Erfahrung wahrer Glückseligkeit. Jemandem, dessen Chakren in völliger Harmonie sind und der voll mit seiner Spiritualität verbunden ist, sagt man auch nach, dass er Zugang zu einem höheren Bewusstsein hat.

Das Kronenchakra steht symbolisch für Erleuchtung und Bewusstsein und wird daher durch irdische Anhaftung in Disharmonie gebracht. Eine solche Person könnte eine zynische Haltung gegenüber der Spiritualität zeigen und Schwierigkeiten beim Lernen haben. Andere geistige und emotionale Symptome eines blockierten Kronenchakras sind Engstirnigkeit, Sturheit, Habgier und Apathie. Zu den körperlichen Symptomen eines Ungleichgewichts in dieser Region gehören Kopfschmerzen, Hautausschläge und mangelnde Koordination. Andererseits kann sich jemand, dessen Chakra überstimuliert ist, von seiner physischen Existenz – insbesondere von seinem Körper – distanzieren und Schwierigkeiten haben, sich im Leben zu konzentrieren und eine Richtung zu finden.

Das Mantra für *Sahasrara* ist „Om" oder „Ha". Um dieses Chakra zu öffnen, denken Sie über dieses Mantra nach und sprechen es aus, während Sie Ihre Hände auf Ihren Bauch legen, wobei die Ringfinger vom Körper weg zeigen. Lassen Sie die Spitzen der Ringfinger sich berühren, während Sie die übrigen Finger mit dem rechten Daumen über dem linken kreuzen. Es ist wichtig, bei der Öffnung dieses Chakras auf Körper, Geist und Seele zu achten. Nehmen Sie sich also etwas Zeit, um zu wachsen und Ihre Verbindung zur Erde und zum Himmel zu erforschen. Denken Sie an die Belastungen, die Sie in Ihrem physischen Leben erfahren: Was hält Sie zurück oder bindet Sie an diese Welt? Erlauben Sie sich, diese Anhaftungen loszulassen, und richten Sie stattdessen Ihre Energie auf Ihr höheres Bewusstsein aus. *Sahasrara* kann auch geöffnet werden, indem Sie sich mit violetten oder weißen Lebensmitteln, Gegenständen oder Kleidung umgeben oder indem Sie Ihren Träumen und Ambitionen mehr Aufmerksamkeit schenken. Sie können auch auf diese Energie zugreifen, indem Sie Yogahaltungen wie den Kopfstand ausführen.

Das Wichtigste ist, dass das Kronenchakra erst dann geöffnet werden kann, wenn alle anderen Chakren in Harmonie gebracht worden sind. Das Ausbalancieren der Chakren ist ein fortlaufender Prozess: Als Menschen sind wir Emotionen und Anhaftungen unterworfen, die unsere Energie blockieren und uns an der Entfaltung hindern können. Mit ständiger Achtsamkeit und dem Engagement für das eigene Wohlbefinden und das der anderen ist es jedoch möglich, die eigene Energie zu kultivieren, zu steigern und sich selbst wieder in einen Zustand der Harmonie zu bringen.

Kapitel 8:
Tanden

Die vedische Tradition lehrt uns, dass jeder Mensch sieben energetische Chakren hat, die über die Länge der Wirbelsäule verteilt sind. In ähnlicher Weise sprechen der Taoismus und der Buddhismus von den „Drei Diamanten" – drei energetische Zentren im menschlichen Körper, von denen aus wir Energie teilen und assimilieren. Während die Drei Diamanten vor allem in der traditionellen Reiki-Praxis verwendet wurden, häuften sich die Bezüge auf die Chakren, als Reiki immer mehr verwestlicht wurde.

Das energetische System der *Tanden* unterscheidet sich geringfügig vom Chakra-System, ist aber ebenso gültig und wichtig für jeden, der sich auf eine Reise der Heilung begeben möchte. In der Tat, wenn Sie tiefer in die traditionellen spirituellen Praktiken eindringen, werden Sie viele verschiedene Systeme finden. Wichtig ist, dass all diese Systeme trotz ihrer Unterschiede demselben Zweck dienen: Sie sollen Ihnen Ihre Energie bewusster machen und Sie näher zu Freude, Frieden, Gesundheit und Erleuchtung führen. Unabhängig davon, für welches System Sie sich entscheiden, ist es wichtig, sich daran zu erinnern, dass Ihre Praxis nur so stark ist wie Ihre persönlichen energetischen Zentren. Diese Zentren sind es, die Sie zur Entdeckung Ihrer wahren Natur führen und Sie zu einem Gefäß für die Reiki-Energie werden lassen, die Sie umgibt – und sie sollten auch der Schwerpunkt Ihrer Aufmerksamkeit sein.

Das energetische System der Tanden

Nach vielen östlichen Traditionen ist das Leben nur möglich, weil wir alle ein System von Energiekanälen in unseren Körpern besitzen, durch die die Lebensenergie fließt. Diese Kanäle kreuzen sich an bestimmten Stellen, sodass die Energie an einigen Bereichen stärker konzentriert ist als an anderen. Diese Kreuzungspunkte werden als die energetischen Zentren des Körpers oder *Tanden* bezeichnet. *Tanden* ist ein japanisches Wort, das sich auf den Ort im Körper bezieht, an dem sich die Energie – oder *Ki* – befindet (International House of Reiki, 2010f). Insbesondere bezieht es sich auf den Punkt direkt unter dem Nabel, der als der Ort gilt, über den Sie Ihr volles Potenzial abrufen können. Manchmal wird er auch als *Hara* oder *Seika-Tanden* bezeichnet.

Im traditionellen japanischen Reiki heißt es, dass der menschliche Körper neben dem Punkt unterhalb des Nabels über drei wichtige energetische Zentren verfügt. Diese drei Zentren – zu denen bestimmte Punkte im Kopf und im Herzen gehören – sind als die *Drei Diamanten* bekannt (Shah, 2021). Im Buddhismus wird das Bild des Diamanten oft verwendet, um das Selbst darzustellen; und wie ein Diamant muss ein Individuum sich regelmäßig „polieren", indem es sein Energiesystem reinigt und seine Energiezentren stärkt.

Das untere *Tanden* – oder *Ka-Tanden* – befindet sich unterhalb des Nabels, während das *Chu*-Tanden in der Mitte der Brust liegt. Das obere *Tanden* – auch *Sho-Tanden* genannt – befindet sich in der Mitte der Stirn. Während andere japanische Lehren von mehr als drei *Tanden* sprechen, die sich an anderen Orten befinden, wurde das zuvor beschriebene System von Usui und seinen Schülern in ihrer eigenen Reiki-Praxis verwendet (Shah, 2021). Es ist das Hauptsystem geworden, an dem sich die meisten Reiki-Praktiken dieser Linie orientieren.

Ka-Tanden: Erdenergie

Das *Ka-Tanden* befindet sich direkt unter dem Nabel, und hier sammelt sich die Erdenergie des Körpers. Die Erdenergie wird als die „ursprüngliche Energie" betrachtet. Im Bereich der Kampfkünste wird es auch als der „Schwerpunkt" des Körpers angesehen, der eine wichtige Rolle dabei spielt, den Körper stabil und im Gleichgewicht zu halten. In der Energiearbeit ist sie die Quelle des Lebens und des Schicksals, und sie ist es, die uns mit dem universellen *Ki* verbindet. Außerdem ist Ihre Erdenergie die Energie, mit der Sie geboren wurden. Es ist eine kraftvolle Energie, die die Quelle geistiger und körperlicher Stärke ist. Sie ist es auch, die Reiki-Praktizierende „erdet", indem sie sie realistisch, praktisch und in der Welt, in der wir leben, verankert hält. Mit anderen Worten: Das *Ka-Tanden* ist das, was uns mit unserer physischen Umgebung verbindet; auf diese Weise wird es nicht nur zu einer Quelle der Kraft, sondern auch der Sicherheit.

Das *Ka-Tanden* kann als die Basis betrachtet werden, die den menschlichen Körper trägt und von der alle Heilpraktiken ausgehen sollten. Obwohl es die Energie ist, mit der Sie geboren wurden, ist sie nicht passiv. Stattdessen kann – und sollte – auf ihr aufgebaut werden, um Ihr energetisches Fundament zu stärken und Ihre Verbindung zu sich selbst und zum Universum zu verbessern. Die Entwicklung Ihres *Ka-Tanden* kann Ihren Elan und Ihre Konzentration verbessern. Für Reiki-Praktizierende ist die Stärkung dieses energetischen Zentrums besonders wichtig, weil es Sie in Zeiten, in denen Sie sich schwach oder gestresst fühlen, in Ihrer Praxis unterstützen und erden kann. Es ist das Gegenmittel bei Unsicherheit, Angst und Ungewissheit – und wie bei jeder Struktur verhindert ein solides Fundament, dass Ihr „Haus" zusammenbricht, wenn das Leben Sie herausfordert.

Sho-Tanden: Himmelsenergie

Das *Sho-Tanden* ist auch als *oberes Tanden* bekannt und befindet sich in der Mitte der Stirn. Dieses energetische Zentrum verbindet uns mit unserer Intuition, indem es uns den Zugang zu der weiten Energie ermöglicht, die vom Himmel ausgeht. Im Gegensatz zur Erdenergie handelt es sich um eine eher ätherische Energie, die mit geistiger Schärfe und unserer spirituellen Verbindung zum universellen *Ki* einhergeht. Die Stärkung dieser Energie hilft Ihnen, einen Zustand der Stille zu erreichen und Ihre Fähigkeit zu verbessern, als Gefäß für die Heilkraft von Reiki zu dienen. Menschen, die diese Energie kultiviert haben, können Visionen oder Farben sehen oder sogar übersinnliche Fähigkeiten besitzen. Es ist eine wunderschöne Energie, die Ihnen die Welt öffnen kann – wenn Sie sie zulassen.

Die Kultivierung der Himmelsenergie ist für erfolgreiche Reiki-Praktizierende unerlässlich, aber sie sollte nie allein entwickelt werden. Praktizierende, die sich nur auf das *Sho-Tanden* konzentrieren und das *Ka-Tanden* vernachlässigen – wie es in den zeitgenössischen westlichen Ausbildungsmethoden oft der Fall ist – können sich selbst als unausgeglichen und ungeerdet erleben. Ein Heiler mit einer starken Verbindung zu seiner Himmelsenergie, aber einer schwachen Verbindung zu seiner Erdenergie, wird oft eine gute Intuition in Heilpraktiken haben, aber nicht in der Lage sein, seine eigenen Probleme zu lösen. Ihr *Sho-Tanden* ist die spirituelle Verbindung, die es Ihnen erlaubt, über das hinauszusehen, was vor Ihnen liegt, während Ihr *Ka-Tanden* das Fundament ist, das Sie geerdet hält und Ihnen eine klare Perspektive gibt. Daher ist in der Kunst des Reiki das Gleichgewicht der Schlüssel.

Chu-Tanden: Herzenergie

Das *Chu-Tanden* ist das *mittlere Tanden*: Es ist die Quelle der Emotionen und der menschlichen Erfahrung und befindet sich im Herzzentrum. Es ist der Ausgleich zwischen dem physischen *Ka-Tanden* und dem spirituellen *Sho-Tanden* und befindet sich an dem Ort, an dem diese beiden gegensätzlichen Energien aufeinandertreffen. Wenn Sie diese Energie kultivieren, lernen Sie zu vergeben, und sie kann Ihnen helfen, Schmerz, Trauma, Stress, Angst und Wut aufzulösen. Sie ist die Quelle der Liebe, des Mitgefühls und des Friedens, sie ist das Gleichgewicht zwischen Körper und Geist und der Grund, warum Menschen in der Lage sind, ihr Licht und ihren Glanz mit jedem zu teilen, dem sie begegnen. Um Morihei Ueshiba zu zitieren: „Zum Herzen der Dinge zurückkehren' ist der Punkt des Gleichgewichts, der durch die Harmonisierung von Körper, Geist und Herz erreicht wird und den einen perfekten Diamanten – dich – bildet" (Stiene & Stiene, 2005, Abs. 4).

Reinigung und Stärkung der Tanden

Jedes der energetischen Zentren ist für sich genommen wichtig, aber das Gleichgewicht zwischen ihnen ist noch wichtiger. Die Kultivierung der Drei Diamanten – der Erde, des Himmels und des Herzens – verbindet Sie mit sich selbst als körperliches, geistiges und spirituelles Wesen. Noch wichtiger ist, dass es Ihre Verbindung zur Reiki-Energie um Sie herum verstärkt, während Sie gleichzeitig geerdet und im Einklang mit sich selbst bleiben. Um ein großer Heiler zu sein, müssen Sie alles, was Sie als Mensch sind, schützen und ausbauen.

Um seinen Schülern zu helfen, die Drei Diamanten ins Gleichgewicht zu bringen, führte Usui eine Meditationsmethode als Teil seines Reiki-Systems ein (Shah, 2021). Diese meditative Praxis folgt den unten aufgeführten Schritten:

1. Setzen Sie sich in aufrechter Position auf den Boden, ein Kissen oder einen Stuhl. Achten Sie darauf, dass Ihre Wirbelsäule gerade ist und mit dem Steißbein und dem Scheitel des Kopfes eine Linie bildet.

2. Achten Sie auf Ihre Muskeln: Pressen Sie Ihren Kiefer zusammen! Sind Ihre Schultern oder Ihr Bauch angespannt? Atmen Sie tief ein und entspannen Sie alle Verspannungen in Ihrem Körper.

3. Setzen Sie sich eine Absicht für Ihre Praxis. Denken Sie daran, dass das Ziel darin besteht, jeden der drei Diamanten zu erforschen und sie in Harmonie miteinander zu bringen. Bitten Sie Ihre spirituellen Helfer, Ihnen jede dieser Energien zu offenbaren, während Sie meditieren.

4. Beginnen Sie mit dem *Ka-Tanden*: Atmen Sie tief ein und richten Sie Ihre Aufmerksamkeit auf Ihren Nabel. Atmen Sie vollständig in den Bauch ein und spüren Sie, wie er sich beim Einatmen ausdehnt und beim Ausatmen leert.

5. Legen Sie Ihre Hände auf den Bauch und lassen Sie die Lebenskraft in Ihren Händen in dieses energetische Zentrum fließen. Bleiben Sie zwei bis fünf Minuten in dieser Position. Nach einer Weile sollten Sie ein Gefühl von Bewusstheit, Sicherheit und Erdung verspüren.

6. Verlagern Sie Ihre Aufmerksamkeit vom Bauch auf die Brust, wo sich das *Chu-Tanden* befindet. Atmen Sie tief ein und spüren Sie, wie sich der Brustkorb mit jedem tiefen Atemzug hebt und senkt. Achten Sie auf die körperlichen Empfindungen in Ihrem Körper und in Ihrem Herzen. Wenn irgendwelche Emotionen auftauchen, erlauben Sie ihnen, an die Oberfläche zu kommen.

7. Legen Sie beide Hände in die Mitte Ihrer Brust und kanalisieren Sie Liebe in Ihr Herz. Bleiben Sie in dieser Position für zwei bis fünf Minuten.

8. Zum Schluss richten Sie Ihre Aufmerksamkeit auf das *Sho-Tanden* auf Ihrer Stirn. Während Sie den Atem zu diesem Ort in Ihrem Körper schicken, geben Sie sich der Reiki-Energie um Sie herum hin. Erlauben Sie sich, sich mit Ihrer Intuition zu verbinden und sich inspirieren zu lassen.

9. Legen Sie Ihre beiden Hände auf die Stirn und stellen Sie sich vor, dass die Himmelsenergie des *Sho-Tanden* in Ihre Handflächen fließt. Vielleicht spüren Sie ein Kribbeln, Wärme oder Kühle in Ihren Händen oder sogar im Rest Ihres Körpers.

10. Denken Sie über Ihre Meditation nach: Hat sich eines Ihrer Energiezentren dominanter angefühlt als die anderen? Wenn es ein Ungleichgewicht gibt, achten Sie auf das *Tanden*, das kultiviert werden muss, indem Sie Ihren Atem und Ihr Bewusstsein an diese Stelle schicken.

11. Sobald Sie bereit sind, kommen Sie langsam aus Ihrer Meditation heraus.

Wie bei den Chakren verursachen Stauungen oder Blockaden in diesen Energiezentren körperliche, geistige und emotionale Ungleichgewichte, die erst dann geheilt werden können, wenn der Energiefluss wieder frei ist. Die Drei Diamanten ins Gleichgewicht zu bringen und auf alles zu achten, was Ihnen fehlen könnte – Erdung, Verbindung oder Gefühle von Liebe und emotionaler Verbundenheit – ist für jeden, der im Leben aufblühen möchte, von wesentlicher Bedeutung. Sie sind ein Diamant; gleichzeitig sind Sie auch ein Mensch. Sie können Schmutz anziehen, der Ihren Glanz trübt und

Ihr Funkeln verdeckt. Doch selbst getrübte Diamanten sind wertvoll, denn sie bringen Schönheit in die Welt. Auf die gleiche Weise sind Sie wertvoll: Sie verdienen es, sich um sich selbst zu kümmern, indem Sie sich um Ihre Energie kümmern.

Säule 3: Prozess

Kapitel 9:
Einstimmung

Die meisten heutigen Reiki-Kurse konzentrieren sich auf die Vermittlung von Informationen – wie Handpositionen und Techniken –, aber in Wirklichkeit geht es bei dem Lernprozess um viel mehr als nur um Intellekt und Können. Um ein Reiki-Praktizierender zu werden, muss sich der Schüler vielmehr einer heiligen Zeremonie unterziehen, bei der das Wissen von seinem Lehrer auf unkonventionelle und spirituelle Weise an ihn weitergegeben wird. Diese Zeremonie wird als Einstimmung oder *Reiju* bezeichnet (International House of Reiki, 2010b). Sie ist eines der fünf Elemente des Reiki-Systems von Usui und ein grundlegender Bestandteil der Ausbildung eines jeden Heilers.

Reiju und Einstimmung

Eine allgemeine Definition des Begriffs „*Einstimmung*" besagt, dass es sich um einen Prozess handelt, bei dem sich jemand seiner Umgebung bewusster wird oder stärker auf sie reagiert (Merriam-Webster, o. D.). Das kann alles sein, eine verstärkte Verbindung zu anderen Menschen, zur Natur oder zur Entwicklung eines Unternehmens, und es ist zu einem beliebten psychologischen Phänomen für Leute geworden, die die Beziehungen zwischen Menschen untersuchen. Wie ein Musikinstrument ist die Einstimmung die Art und Weise, wie eine Person „gestimmt" wird, um in Harmonie mit der Welt um sie herum zu leben. In Bezug auf Reiki bezieht sich die Einstimmung auf die Verbindung zwischen einem Schüler und seinem Lehrer. Darüber hinaus bezieht sie sich auch auf das erhöhte Bewusstsein des Schülers für die Reiki-Energie um ihn herum: Es ist der Prozess, bei dem ein Meister die energetischen Bahnen seines Schülers reinigt und sein Bewusstsein auf das universelle *Ki* lenkt, sodass er lernen kann, jederzeit auf diese Energie zuzugreifen. In Japan ist diese Art der Einstimmung als *Reiju* bekannt; direkt übersetzt bedeutet es „spiritueller Segen oder Opfergabe" (Stiene, 2015a).

Reiju stammt vermutlich aus dem Tendai-Buddhismus, einer spirituellen Tradition, die auf das 8. Jahrhundert in Japan zurückgeht (Japan Reference, 2016). In dieser Tradition diente das Ritual der Reinigung des Körpers. Als produktiver Gelehrter, hingebungsvoller Spiritualist und Anhänger des Tendai-Buddhismus soll Usui während seiner Ausbildung in dieser Tradition erstmals mit der Praxis der heiligen Einstimmungen in Berührung gekommen sein. Es wird auch behauptet, dass er sich entschloss, eine solche Praxis in sein eigenes Reiki-System aufzunehmen, weil er sowohl den Körper *als auch* den Geist heilen wollte, wobei er sich hauptsächlich auf Letzteres konzentrierte (International House of Reiki, 2010b). Während sich spätere Reiki-Traditionen weiterentwickelten und dem physischen Körper mehr Aufmerksamkeit schenkten, bleibt die Praxis der heiligen Einstimmungen auch in den heutigen Kursen Teil der Ausbildung eines jeden Reiki-Praktizierenden.

Reiju wird von einem Reiki-Meister an seinem Schüler während dessen Ausbildung durchgeführt. Je nach Reiki-Tradition kann ein Schüler *Reiju* so oft wie einmal pro Woche erhalten. In den heutigen westlichen Ausbildungssystemen muss ein Reiki-Schüler vier Einstimmungen im ersten Grad seiner Ausbildung erhalten, drei Einstimmungen im zweiten Grad und eine Einstimmung im dritten Grad. Die Zeremonie ist eine Möglichkeit für den Meister, seinen Schüler auf seinem spirituellen Weg zu unterstützen, indem er ihn auf das universelle *Ki* einstimmt oder in Harmonie damit bringt. Sie ist gleichzeitig ein Segen, eine Reinigung, eine Opfergabe, eine Einweihung und eine Möglichkeit für den Meister, mit seinen Schülern auf einer spirituellen und energetischen Ebene zu kommunizieren. Während dieser Zeremonie kann ein Reiki-Meister sein Wissen an seinen Schüler weitergeben und ihm gleichzeitig alles geben, was er in diesem Moment braucht. Außerdem öffnet er den Schüler für die Reiki-Energie, sodass diese ungehindert durch ihn fließen kann. Obwohl die Einstimmungen, die Usui ursprünglich vornahm, auf seiner Intuition beruhten, haben die heutigen Reiki-Meister spezielle Rituale und Mantras entwickelt, mit denen sie *Reiju* an ihren Schülern vornehmen können.

Die heilige Zeremonie der Einstimmung ist wichtig, und zwar nicht nur aus historischen und traditionellen Gründen. Viele Schüler behaupten, dass sie nach einem Reiju-Ritual konkrete Vorteile erfahren. Der erste ist das Gefühl, Zugang zu einer universellen Intelligenz zu haben; der zweite ist, zu den Möglichkeiten wahrer Gesundheit und Lebensfreude erweckt worden zu sein. Die Schüler berichten auch, dass die Zeremonie sie auf Dinge aufmerksam gemacht hat, die in ihnen selbst Heilung brauchten – wie schädliche Gedankenmuster, Süchte, ungesunde Gewohnheiten, schmerzhafte Gefühle, destruktive Gedanken und traumatische Erinnerungen – und dass wiederholte Einstimmungen diese Heilung sogar erleichtert haben. Eine Einstimmung kann einem Schüler helfen, seine Energie zu reinigen, seine energetischen Zentren zu stärken und die Drei Diamanten in Harmonie zu bringen. Sie kann auch ihren inneren Heiler erwecken und ihnen helfen, Zugang zu ihrer Intuition zu finden und ihr zu vertrauen.

Es wird zwar allgemein davon ausgegangen, dass ein Schüler am meisten von *Reiju* profitiert, aber auch Lehrer können von der Durchführung dieser Zeremonien profitieren. Obwohl der Lehrer seinen Schüler segnet, erhält er in gewissem Sinne auch einen Segen. Der Autor und Lehrer Frans Stiene behauptet, dass er bei der Durchführung von *Reiju* an einem Schüler ein Gefühl von Offenheit und geistiger Leere erfährt, weil sein Ego in gewisser Weise „abgeschnitten" wird (Stiene, 2015). Er beschreibt es als einen gleichzeitigen Prozess des Gebens und Empfangens, der ihn an sein wahres Selbst erinnert. Auf diese Weise ist *Reiju* nicht nur ein Akt, der von einem Individuum an einem anderen vollzogen wird, sondern „eine Vereinigung von Lehrer, Schüler und Universum" (Stiene, 2015, Abs. 2). Aus diesem Grund werden die Lehrer ermutigt, so viele Einstimmungen wie möglich durchzuführen. Es ist eine Gelegenheit für sie, ihre Schüler zu segnen und zu unterstützen, aber es klärt auch ihre eigenen energetischen Zentren und stärkt ihre Verbindung zum universellen *Ki*.

Der Einstimmungsprozess

Reiju ist eine zutiefst spirituelle Zeremonie, und jeder Schüler, der eine solche Zeremonie erhalten soll, muss sich mindestens zwei Tage lang körperlich, geistig und spirituell auf dieses Ritual vorbereiten. Dies kann auf verschiedene Weise geschehen: Zum Beispiel kann ein Schüler dafür sorgen, dass er gut hydriert ist und nur leicht verdauliche Lebensmittel zu sich nimmt, die kein Fleisch, keine Milchprodukte und keinen Zucker enthalten. Den Schülern wird auch empfohlen, sich von Alkohol, Koffein, Tabak oder anderen bewusstseinsverändernden Substanzen fernzuhalten, damit sie in ihrem bewusstesten Zustand sind, wenn sie die Einstimmung erhalten. Denken Sie daran, dass *Reiju* bestimmte Veränderungen in einem Individuum hervorruft – Schlaf ist daher sehr wichtig, denn er kann der Person helfen, die Veränderungen zu integrieren, die sie in ihrem Verstand, ihren Emotionen und ihren Energiezentren erfahren wird. Versuchen Sie, sich von Fernsehen, Mobiltelefonen und sozialen Medien fernzuhalten, und lassen Sie alle negativen Emotionen los, an denen Sie möglicherweise festhalten. Ein Schüler kann sich selbst erden, indem er meditiert, in die Stille geht und darin verweilt, Sport treibt oder Zeit in der Natur verbringt. All diese Vorbereitungen sind wichtig, aber das Wichtigste, was Sie vor einer Einstimmungszeremonie tun können, ist, Ihrem Lehrer zu vertrauen, Ihre Absicht darauf auszurichten, diesen heiligen Segen zu empfangen, und Ihr Herz und Ihren Geist für die Reiki-Energie zu öffnen.

Obwohl *Reiju* ein spiritueller und intuitiver Prozess ist, gibt es bestimmte Schritte, die ein Meister befolgen kann, wenn er die Einstimmung an seinem Schüler vornimmt. In der heutigen Reiki-Ausbildung werden Einstimmungen im Allgemeinen während eines Reiki-Kurses praktiziert. Die Zeremonie dauert nicht länger als ein paar Minuten, und der Schüler bleibt während der gesamten Zeremonie sitzen. Der Meister steht über ihm und führt die Zeremonie mithilfe von Handpositionen, Symbolen, Atemarbeit und vor allem Absicht durch. Während des Rituals können die Schüler spüren, wie Energie durch sie hindurchfließt, in Form von Empfindungen wie Wärme oder Kälte. Sie können auch Visionen haben oder andere körperliche Empfindungen erleben. Außerdem kann die Zeremonie dazu führen, dass bestimmte Emotionen freigesetzt werden, und es ist nicht ungewöhnlich, dass Schüler lachen oder weinen, während sie *Reiju* erhalten. Schließlich berichten viele Schüler, dass sie während der Zeremonie in einen tiefen meditativen Zustand eintreten, in dem sie spüren, wie sich ihr Bewusstsein verändert.

Reiju endet nicht, wenn eine Zeremonie beendet ist: Nach der Einstimmung können Sie allein durch Ihre Absicht auf die Reiki-Energie um Sie herum zugreifen. Wenn Sie es für nötig halten, können Sie diesen Prozess durch Meditation, Atemarbeit oder Visualisierungen unterstützen. Eine Einstimmung ist zum Teil eine energetische „Entgiftung", was bedeutet, dass sie auch Nachwirkungen hat. Einige davon können sein, dass man sich müde und schlapp fühlt – oder im Gegensatz dazu, dass man sich freudig und leicht fühlt! Vielleicht stellen Sie auch fest, dass sich Ihr Schlafverhalten verändert hat und Ihre Träume lebhafter geworden sind. Einige Teilnehmer berichten, dass sie eine gesteigerte Intuition erleben und Synchronizitäten bewusster bemerken, während andere behaupten, dass die Zeremonie sie zu ihrer wahren Lebensaufgabe erweckt hat. Es ist möglich, dass unterdrückte Emotionen durch die Zeremonie geweckt werden, und diese müssen in den Tagen nach dem *Reiju*-Ritual anerkannt und reflektiert werden. Vielleicht verspüren Sie auch das Bedürfnis, Zeit allein zu verbringen oder die Grenzen, die Sie den Menschen in Ihrem Leben gesetzt haben, zu verändern. Es ist wichtig, diese Veränderungen – und sich selbst – zu akzeptieren und sich auf die Reise der Selbstveränderung einzulassen.

Meditationen nach der Einstimmung

Farben-Meditationen

Wie jede andere Entgiftung wird auch eine Einstimmung sowohl das Gute als auch das Schlechte in Ihnen zum Vorschein bringen. Obwohl es sich um eine zutiefst spirituelle Praxis handelt, müssen Sie sich auch um Ihren Körper und Geist kümmern – vor allem in den Tagen, nachdem Sie *Reiju* empfangen haben. Das können Sie tun, indem Sie sich gesund und nahrhaft ernähren, ausreichend Flüssigkeit zu sich nehmen und sich ausreichend bewegen und ausruhen. Sie können auch Salzbäder nehmen, meditieren oder Reiki-Behandlungen an sich selbst durchführen. Reiki-Meisterin Justine Melton (2014) schlägt vor, in den Tagen nach einer Einstimmung Farben als Teil Ihrer spirituellen Rituale zu verwenden. Denn auch Farben enthalten Energie, und je nach Farbe haben ihre spezifischen energetischen Frequenzen heilende Eigenschaften. Melton fühlt sich besonders zu Blau hingezogen, weil es erdend und entspannend wirkt und ein Gefühl von Frieden hervorruft. Um mit dieser Farbe zu meditieren, skizziert sie die folgenden Schritte (Melton, 2014):

1. Bereiten Sie den Raum vor, in dem Sie meditieren wollen, indem Sie die Energie erhöhen und klären oder eines der Reiki-Symbole verwenden, das Sie anspricht.

2. Zünden Sie eine Kerze an, vorzugsweise in der Farbe, mit der Sie meditieren, z. B. blau. Vertrauen Sie Ihrer Intuition und lassen Sie sich von ihr zu der Farbe führen, die Sie für Ihre Heilungsreise am meisten brauchen.

3. Legen Sie sich auf den Boden auf eine Matte oder Decke. Schließen Sie die Augen und konzentrieren Sie sich auf Ihren Atem. Ihre Atmung sollte natürlich und sanft sein – lassen Sie zu, wie sich Ihr Brustkorb beim Ein- und Ausatmen hebt und senkt. Nehmen Sie sich Zeit für diesen Schritt. Wenn Sie nicht sicher sind, wie lange Sie in dieser Position bleiben sollen, versuchen Sie, sie mindestens zwei Minuten lang zu halten.

4. Visualisieren Sie eine Kugel aus blauem Licht, die über Ihnen schwebt. Beobachten Sie, wie das Licht seine heilende Energie in den ganzen Raum ausbreitet.

5. Beginnen Sie, das blaue Licht einzuatmen, und spüren Sie, wie seine heilende Energie Ihren Körper mit jedem Einatmen erfüllt.

6. Beim Ausatmen stellen Sie sich vor, wie Sie alles loslassen, was Ihnen nicht mehr dient. Beobachten Sie, wie es von dem blauen Licht weggetragen wird.

7. Als Nächstes stellen Sie sich einen überquellenden Krug voll blauem Licht vor, der über Ihnen schwebt. Wenn Sie möchten, können Sie

sich vorstellen, dass der Krug von einem geistigen Helfer gehalten wird. Erlauben Sie ihm, das blaue Licht über Sie zu gießen, beginnend bei Ihrem Kopf und endend bei Ihren Füßen.

8. Während das blaue Licht Ihren Körper umfließt, werden Sie spüren, wie es Sie erfrischt, während alles Negative in Ihrem Leben davon weggespült wird.

9. Öffnen Sie Ihre Intuition: Jetzt ist die Zeit, in der Sie am ehesten Botschaften oder Visionen von Ihren geistigen Helfern erhalten.

10. Stellen Sie sich erneut vor, dass die Kugel aus blauem Licht über Ihnen schwebt, und lassen Sie sich ganz von ihr umgeben. Bleiben Sie für den Rest des Tages in ihrer liebevollen und schützenden Blase.

11. Wenn Sie bereit sind, können Sie sich von der Meditation lösen, indem Sie Ihren spirituellen Helfern und der Farbe Blau für die Heilenergie danken, die sie Ihnen geschenkt haben.

12. Wenn es Sie nicht ablenkt, können Sie während der Meditation sanfte Musik hören.

Hatsurei-ho

Das Ziel von *Reiju* ist es, Sie für den Rest Ihres Lebens auf der Erde mit Ihrer Intuition und der universellen Reiki-Energie zu verbinden. Diese Verbindung muss jedoch während Ihres gesamten Lebens und Ihrer Zeit als Reiki-Praktizierender kultiviert werden. Eine gute Möglichkeit, Ihre Verbindung zu sich selbst und zum Universum kontinuierlich zu stärken, ist *Hatsurei-ho*. Dies ist eine japanische meditative Praxis, die – oft täglich – von vielen Heilern angewendet wird, um ihre Verbundenheit zu kultivieren und ihre intuitiven und heilenden Fähigkeiten zu stärken.

Kapitel 10:
Reiki-Anatomie

Reiki ist eine Form der Energieheilung, und deshalb ist es für jeden Praktizierenden wichtig, die energetischen Bahnen und Zentren zu kennen und zu verstehen, die den Körper beleben. Gleichzeitig konzentriert sich die Praxis aber auch auf den Rest des physischen Körpers. Das bedeutet, dass jeder, der sich selbst und andere erfolgreich heilen möchte, ein grundlegendes Verständnis der Anatomie haben muss.

Die 11 Systeme des menschlichen Körpers

Der menschliche Körper ist ein wunderbar komplexes Gebilde aus verschiedenen Zellen, Geweben, Organen und Funktionen, die gemeinsam ein zusammenhängendes Ganzes bilden. Um ein vollumfängliches Verständnis des Körpers zu erlangen, benötigt man Jahre des Studiums; es ist nicht ohne Grund ein eigenes Fachgebiet. Glücklicherweise lässt sich die Komplexität des Körpers in elf verschiedene Systeme unterteilen, um seine Gesamtfunktion ein wenig leichter zu verstehen. Diese Systeme setzen sich aus verschiedenen Gewebetypen und Organen zusammen und haben jeweils eine eigene Funktion. Diese Systeme sind:

- das Kreislaufsystem

- das Verdauungssystem

- das Harnsystem

- das lymphatische System

- das Nervensystem

- das Immunsystem

- das Atmungssystem

- das endokrine System

- das Integumentsystem

- das Reproduktionssystem

- das Muskel-Skelett-System

Diese verschiedenen Systeme arbeiten zwar bis zu einem gewissen Grad unabhängig voneinander, aber nur, wenn sie alle zusammen ein kohärentes Ganzes bilden, kann man sagen, dass der menschliche Körper effizient arbeitet. Ein Ungleichgewicht in einem System hat unweigerlich Auswirkungen auf die Gesundheit der anderen. Wenn Sie ein System heilen, können Sie gleichzeitig die Belastung der anderen Systeme verringern. Die Erlangung einer guten Gesundheit ist eine Reise – oft eine lange Reise. Sich selbst zu heilen, erfordert Zeit und Mühe, aber die Vorteile des Wohlbefindens sind nahezu endlos.

Das Kreislaufsystem

Ihr *Kreislaufsystem* tut genau das, was der Name sagt: Es transportiert Sauerstoff und Nährstoffe zu den verschiedenen Teilen Ihres Körpers und entfernt bei Bedarf Giftstoffe und Abfallprodukte. Zu diesem System gehören das Herz – das sich auf der linken Seite Ihrer Brust befindet –, die Blutgefäße, die überall in Ihrem Körper zu finden sind, und das Blut, das von den Blutgefäßen transportiert wird. Der Sauerstoff aus der Lunge und die Nährstoffe aus Magen und Darm werden im Blut aufgelöst. Das Blut wird dann – zusammen mit dem Sauerstoff und den Nährstoffen – durch die Blutgefäße zu den Teilen des Körpers geleitet, die es benötigen. Der Abtransport von Gift- und Abfallstoffen funktioniert ähnlich, wenn auch in umgekehrter Richtung. So wird beispielsweise Kohlenstoffdioxid aus dem restlichen Körper in die Lunge transportiert, wo es ausgestoßen und durch frischen Sauerstoff ersetzt wird.

Das endokrine System

Das *endokrine System* des Körpers ist ein komplexes System von Drüsen, die Hormone absondern, um verschiedene Funktionen im menschlichen Körper zu steuern. Im Gehirn befinden sich, von oben nach unten, der Thalamus, der Hypothalamus, die Hypophyse und die Zirbeldrüse. Der erste Teil des Systems, der *Thalamus,* steuert und übermittelt alle sensorischen Informationen – mit Ausnahme des Geruchs –, die der Körper empfängt. Das bedeutet, dass er eine wichtige Rolle bei vielen Funktionen des Gehirns spielt, einschließlich des Schlafzyklus, der Lernprozesse und der Gedächtnisbildung. Unterhalb des Thalamus befindet sich der *Hypothalamus,* der für die Steuerung der Herzfrequenz, der Körpertemperatur und des Hunger- und Sättigungsgefühls verantwortlich ist. Unterhalb des Hypothalamus befindet sich die *Hypophyse,* deren Aufgabe es ist, Hormone abzusondern, die für Stoffwechsel, Blutdruck, Wachstum und Fortpflanzung verantwortlich sind. Weiter hinten im Gehirn befindet sich die *Zirbeldrüse*, die die für einen gesunden Schlafzyklus notwendigen Informationen übermittelt.

Die *Nebenschilddrüse* und die *Schilddrüse* befinden sich in Ihrem Hals. Die erste hat die Aufgabe, den Kalziumspiegel in Ihrem Blut zu regulieren, der wiederum für starke und gesunde Knochen notwendig ist. Die zweite, die Schilddrüse, ist hauptsächlich für die Hormone zuständig, die für das körperliche Wachstum und die Stoffwechselaktivität benötigt werden. Die *Thymusdrüse* befindet sich im oberen Brustbereich hinter dem Brustbein. Sie spielt eine wichtige Rolle für Ihr Immunsystem, da sie für die Bildung der Zellen verantwortlich ist, die Ihr Körper zur Bekämpfung von Bakterien und Krankheiten einsetzt. In Ihrem Oberbauch befindet sich die *Bauchspeicheldrüse*. Diese Drüse produziert die Enzyme, die Ihr Körper benötigt, um die Nahrung im Magen aufzuspalten, und ist daher ein wesentlicher Bestandteil des Verdauungssystems. Außerdem ist sie wichtig für die Regulierung des Blutzuckerspiegels. Die *Nebennieren* befinden sich an den Nieren auf der rechten und linken Seite des unteren Rückens. Sie haben mehrere Funktionen: Sie regulieren den Blutdruck, den Stoffwechsel, das Immunsystem und den Salzhaushalt. Außerdem sind sie vor allem für ihre Rolle bekannt, die sie bei der „Kampf-oder-Flucht"-Reaktion des Körpers spielen.

Das Verdauungssystem

Um die Nahrung zu verdauen und die Nährstoffe in die Stoffe umzuwandeln, die Ihre Zellen benötigen, um sich zu vermehren, zu wachsen, zu heilen und sich zu erhalten, benötigt Ihr Körper bestimmte Organe. Dazu gehören der Mund und die Speiseröhre, durch die die Nahrung geschluckt und in den Magen transportiert wird. Von dort gelangt sie über den Dünndarm in den Dickdarm und schließlich in den Enddarm. Über den Enddarm werden schließlich alle Abfallprodukte ausgeschieden. Neben diesen Organen spielen auch die Bauchspeicheldrüse, die Gallenblase und die Leber eine wichtige Rolle im Verdauungsprozess. Die Leber zum Beispiel, die sich auf der rechten oberen Seite des Bauches befindet, baut Giftstoffe im Körper ab. Die Gallenblase befindet sich direkt unter der Leber und hat die Aufgabe, saure Gallenflüssigkeit zu produzieren und in den Dünndarm abzugeben, damit die Nahrung aufgeschlossen werden kann. Alle diese Organe und Drüsen bilden das *Verdauungssystem*, das auch als *Magen-Darm-System* bezeichnet wird.

Das Harnsystem

Das *Harnsystem* des Körpers entfernt Giftstoffe aus dem Blut und Abfallprodukte aus dem Körpergewebe. Darüber hinaus entfernt dieses System auch überschüssige Flüssigkeit im Körper und scheidet sie aus. Um all dies zu tun, benötigt das Harnsystem mehrere Organe und Gänge: Das erste davon sind die Nieren, die sich auf beiden Seiten der Wirbelsäule direkt unter dem Brustkorb befinden. Ihre Aufgabe ist es, das Blut von Giftstoffen, Abfallprodukten und überschüssiger Flüssigkeit zu reinigen, die dann in Urin umgewandelt wird. Der Urin wird in die Harnleiter geleitet, zwei Röhren, die beide Nieren mit der Blase verbinden. In der Blase angekommen, fließt der Urin in die Harnröhre, von wo aus er ausgeschieden wird.

Das lymphatische System

Das *lymphatische* oder *Lymphsystem* dient dazu, den Körper von überschüssigen Proteinen, Fetten, Flüssigkeiten und Bakterien zu befreien. Es beseitigt nicht nur Stoffe in den Zellen, sondern auch Stoffe, die sich zwischen den Zellen ansammeln. So werden beispielsweise Flüssigkeiten in die Sammelkanäle des Systems geleitet, von wo aus sie zurück in den Blutkreislauf transportiert und schließlich ausgeschieden werden. Die verschiedenen Teile dieses Systems sind die Lymphknoten, Lymphgefäße, Lymphbahnen und verschiedene Drüsen. Diese sind über den ganzen Körper verteilt, sodass das Lymphsystem mit den meisten anderen anatomischen Systemen in enger Verbindung steht. So spielt es beispielsweise eine wichtige Rolle im Kreislaufsystem, indem es den Blutdruck reguliert, und im Verdauungssystem. Es bildet auch die Zellen, die Bakterien und Viren im Körper abwehren, und ist daher für das wirksame Funktionieren des Immunsystems unerlässlich.

Das Nervensystem

Über das *Nervensystem* kommuniziert Ihr Körper mit all seinen verschiedenen Teilen. Ausgehend von Ihrem Gehirn oder Rückenmark sind Nerven mit jedem Teil Ihres Körpers verbunden, auch mit Ihren Organen, Muskeln, Drüsen und Ihrer Haut. Ohne Nerven wären Sie nicht in der Lage, irgendeine menschliche Funktion auszuführen, z. B. zu denken, sich zu bewegen, zu verdauen, zu schlafen oder Ihre Sinne zu benutzen. Ihr Nervensystem umfasst Ihr Gehirn, Ihr Rückenmark und das riesige Netz von fast sieben Billionen Nerven, die alle Teile Ihres Körpers miteinander verbinden.

Das Atmungssystem

Das Atmungssystem, auch Atemsystem oder respiratorisches System genannt, ist für die Bewegung der Luft in und aus dem Körper verantwortlich. Darüber hinaus transportiert es auch Sauerstoff und Kohlenstoffdioxid aus dem und in den Blutkreislauf. Eine weitere Funktion des Atmungssystems – die oft nicht richtig verstanden wird – ist seine Fähigkeit, die im Körper vorhandenen Säuren und Basen zu regulieren und auszugleichen. Die verschiedenen Teile dieses Systems sind die linke und rechte Lunge, die sich im Oberkörper befinden, die *Luftröhre,* durch die man atmet, und der Bronchialbaum, eine Ansammlung von Atemwegen, die über die Lunge und den Rachen verteilt sind.

Das Integumentsystem

Vereinfacht ausgedrückt, ist Ihr *Integumentsystem* Ihre Haut. Medizinisch gesehen wird die gesamte Haut als ein einziges Organ betrachtet, das aus Schweißdrüsen, Nägeln, Haarfollikeln und Nerven besteht. Gleichzeitig ist sie auch das größte Organ des Körpers. Das Integumentsystem hat viele verschiedene Funktionen, aber eine der wichtigsten ist seine Rolle als erste Verteidigungslinie des Körpers gegen Verletzungen oder Krankheiten. Es bildet eine Barriere zwischen dem Körperinneren und der äußeren Umgebung und hält auch den Rest des Körpers intakt und zusammen. Dieses System ist von anderen Systemen abhängig, um es im Gleichgewicht zu halten. So wird beispielsweise die Temperatur der Haut durch das Nervensystem und den Hypothalamus im endokrinen System gesteuert.

Das Reproduktionssystem

Das *Reproduktions-* oder *Fortpflanzungssystem* ist für die menschliche Fortpflanzung notwendig, und seine Besonderheiten unterscheiden sich je nach Geschlecht. Die weiblichen Fortpflanzungsorgane bestehen aus einer Vagina – die sich im Beckenbereich zwischen Blase und Enddarm befindet – sowie einer Gebärmutter und zwei Eierstöcken, die alle direkt über der Vagina zu finden sind. Im Gegensatz dazu haben Männer als Teil ihres Fortpflanzungssystems einen Penis und Hoden. Diese befinden sich zwischen den Oberschenkeln außerhalb des Körpers, ausgehend vom Beckenbereich.

Das Muskel-Skelett-System

Das *muskuloskelettale* oder *Muskel-Skelett-System* umfasst alle Muskeln, Bänder, Sehnen und Knochen, die das Gerüst des menschlichen Körpers bilden. Dieses System hält uns aufrecht und intakt. Die verschiedenen Teile dieses Systems sind über den ganzen Körper verteilt. Die Muskeln ermöglichen Bewegungen durch ihre Fähigkeit, sich zu dehnen und zusammenzuziehen, während die Bänder die verschiedenen Knochen miteinander verbinden. Darüber hinaus stabilisieren sie auch die Gelenke. Die Sehnen ihrerseits verbinden die Muskeln mit den Knochen und sind daher ebenfalls wichtig für die Bewegung. Wenn eine dieser Komponenten verletzt wird, kann sie an verschiedenen Stellen des Körpers Probleme verursachen; manchmal können die Schmerzen, die infolge einer Verletzung auftreten, an einer ganz anderen Stelle auftreten als die Verletzung selbst. So können zum Beispiel Verletzungen in der Hüfte zu Schmerzen in den Beinen, im Rücken oder sogar im Nacken führen. Verletzungen treten in der Regel auf, wenn das Gewebe, aus dem Muskeln, Bänder oder Gelenke bestehen, gedehnt wird, zerreißt oder sich entzündet. Knochen hingegen haben keine Zugfestigkeit, das heißt, sie können brechen, wenn sie zu stark belastet werden. Da die Komponenten des Muskel-Skelett-Systems über den ganzen Körper verteilt sind, können sie die Ursache für viele verschiedene Beschwerden in fast jedem Körperteil sein.

Das Immunsystem

Der Körper nutzt sein *Immunsystem,* um Viren, Bakterien und andere schädliche oder fremde Zellen im Körper abzuwehren. Damit ist es für das Überleben eines jeden Menschen unerlässlich. Interessanterweise sind alle Bestandteile des Immunsystems trotz ihrer Bedeutung in erster Linie anderen Organen zugeordnet. Zu diesen Komponenten gehören Organe und Drüsen wie Lymphknoten, Knochenmark, Thymus, Milz und Haut, die überall im Körper zu finden sind. Aufgrund der Vernetzung der verschiedenen Teile des Immunsystems mit dem Rest des Körpers gilt es als eines der komplexesten Systeme des menschlichen Körpers.

Der menschliche Körper ist komplex, und es kann schwierig sein, die Ursache verschiedener Beschwerden und Verletzungen zu verstehen. Mit etwas Übung, Erfahrung und Vertrauen in Ihre Intuition werden Sie jedoch bald die Kunst beherrschen, diese Beschwerden mit Reiki-Energie zu heilen.

Kapitel 11:
Symbole und Mantras – Shirushi und Jumon

Ein wichtiger Teil der Reiki-Kunst sind die fünf Symbole – *Shirushi* – und die dazugehörigen Mantras oder *Jumon*. Wie alle Elemente der Reiki-Heilung haben auch die Symbole ihre eigene Energie. Sie zu kennen, zu verstehen und mit ihnen zu arbeiten, ermöglicht es dem Praktizierenden, die Heilenergie zu bündeln und sie für einen bestimmten Zweck zu nutzen. Es gibt fünf Symbole in der Reiki-Heilung: Das Kraftsymbol, das Harmoniesymbol, das Kontaktsymbol, das Meistersymbol und das Vollendungssymbol. Sie sind ein integraler Bestandteil jeder Heilsitzung und können Ihnen helfen, Ihre Praxis viel kraftvoller zu gestalten.

Usuis Symbole der Reiki-Heilung

Symbole sind Teil unseres täglichen Lebens und dienen als Zeichen oder Markierungen, die für einen bestimmten Gegenstand, eine Praxis, eine Dienstleistung oder eine Kultur stehen. Jedes Logo, an dem man auf der Straße vorbeigeht, oder jeder Markenname, den man im Internet sieht, ist ein Symbol für etwas Bestimmtes. Jedes dieser Symbole hat die Kraft, im Unterbewusstsein weit mehr hervorzurufen als seine offensichtlichen Eigenschaften: Die Farbe Blau lässt Sie vielleicht an das Meer und Familienurlaube am Strand denken, während das Logo eines Autos für das Unternehmen steht, das das Auto herstellt, für die Art von Kunden, die es anspricht, und für den Lebensstil, den Sie sich mit diesem Auto vorstellen. In gleicher Weise sind die Symbole von Reiki charakteristisch für etwas, das weit über das hinausgeht, was man auf den ersten Blick sieht. Im Gegensatz zu einem einfachen Autologo stehen sie jedoch für die Kraft, die Energie haben kann, wenn sie in eine bestimmte Richtung gelenkt wird.

Es gibt verschiedene Theorien darüber, wie diese fünf Symbole Teil des Reiki-Systems wurden. Einige glauben, Usui habe die *Shirushi* in alten buddhistischen Texten entdeckt, während andere behaupten, sie seien ihm in Visionen erschienen. Es ist auch unklar, warum er beschloss, diese Symbole in sein System einzubauen, aber es wird allgemein angenommen, dass er dies tat, um seinen Schülern zu helfen, sich zu konzentrieren und zwischen den verschiedenen energetischen Frequenzen zu unterscheiden, denen sie bei der Ausübung von Reiki ausgesetzt waren (Deacon, 2005b). Es ist bekannt, dass Takata – die Frau, die Reiki zuerst im Westen einführte – diese Symbole für so heilig hielt, dass sie geheim gehalten werden mussten. Während sie in der heutigen Reiki-Lehre immer noch als göttlich angesehen werden, ist das Wissen über sie nicht mehr auf einige wenige beschränkt.

Jedes Symbol hat als Teil seiner Kraft ein Mantra – oder *Jumon* –, das es begleitet. So wie die in Kapitel 4 beschriebenen fünf Gebote magische *Kototama* haben, so rufen auch die *Jumon* der Symbole spezielle kosmische Schwingungen hervor, wenn bestimmte Klänge erzeugt werden. Die Symbole sind daher unglaublich mächtig – so mächtig, dass Takata ihren Schülern verbot, physische Kopien von ihnen zu behalten. Stattdessen mussten die Schüler diese Symbole auswendig lernen und verinnerlichen. In ähnlicher Weise wird von denjenigen, die heute Reiki praktizieren, erwartet, dass sie die Symbole respektieren. Außerdem liegt die Stärke des *Shirushi* und des *Jumon* nicht in einem intellektuellen Verständnis, sondern in der energetischen und intuitiven Erfahrung ihrer Kraft. Jedes der fünf Symbole hat eine spezifische Qualität, und sie sollten alle zusammen verwendet werden, um die Qualität der Fähigkeiten des Reiki-Heilers zu fokussieren und zu stärken.

Cho ku rei: Das Kraftsymbol

Wie der Name schon sagt, ist das *Jumon Cho ku rei* – auch *Choku rei* oder *Chokurei* geschrieben – ein Mittel, um während der Reiki-Praxis ein Gefühl der Kraft zu erzeugen. Die direkte Übersetzung des Mantras *Cho ku rei* ist umstritten, aber nach Takatas Lehren bedeutet es „die Kraft hierher legen"; eine andere Übersetzung ist „direkter Geist von Gott" oder einfach „direkter Geist" (Deacon, 2003e). Mit anderen Worten geht es bei diesem Symbol darum, die spirituelle Kraft eines Reiki-Heilers zu aktivieren oder zu steigern, indem er seine Fähigkeit verbessert, das universelle *Ki* zu seinem Patienten zu leiten, während er ihn heilt.

Um ihre Kraft zu verstärken, verwenden viele Reiki-Praktizierende vor Beginn einer Sitzung *Cho ku rei*. Dies kann geschehen, indem man das Symbol – eine Spirale im oder gegen den Uhrzeigersinn – an die Wände des Raumes malt, in dem man die Sitzung durchführt. Seine Energie kann auch durch Visualisierung herangezogen werden, wenn Sie das Gefühl haben, dass Ihre Kraft während einer Sitzung nachlässt, wenn Sie negative Energie im Raum wahrnehmen oder wenn Sie eine besonders schwere Verletzung heilen. Außerdem können Sie dieses *Shirushi* verwenden, um sich vor unausgeglichener oder unreiner Energie zu schützen, um Unglück abzuwenden, Ihre Erleuchtung zu steigern oder Ihre Intuition zu schärfen. Im Alltag kann *Cho ku rei* immer dann angerufen werden, wenn Sie innere Stärke benötigen – etwa vor einem Vorstellungsgespräch oder während einer schwierigen Unterhaltung – oder wenn Sie eine Beziehung zu jemandem fördern wollen.

Sei he ki: Das Harmoniesymbol

Eine der Übersetzungen von *Sei he ki* ist „Gott und Mensch werden eins" (Price, 2019a). Wenn Sie also ein Gleichgewicht brauchen, sei es in Ihrer Energie, Ihrem Geist, Ihren Emotionen oder einem anderen Aspekt Ihres Lebens, ist dies das Symbol, an das Sie sich wenden können. Es ist auch ein mächtiges Symbol für den Schutz vor negativer Energie. *Sei he ki* wird häufig zur Behandlung mentaler und emotionaler Probleme eingesetzt, darunter Angst, Depression, Furcht, Sucht und chronischer Stress. Außerdem kann es das Gedächtnis stimulieren und Reiki-Praktizierenden helfen, Informationen besser zu behalten. Es wird auch eingesetzt, um Traumata aus dem Körper und dem Geist zu lösen, indem das energetische Gleichgewicht einer Person wiederhergestellt wird. Es ist ein besonders nützliches Heilmittel bei Kopfschmerzen, insbesondere bei solchen, die durch mentale oder emotionale Stabilität verursacht werden, wie z. B. Spannungskopfschmerzen.

Eine der beliebtesten Anwendungen dieses *Shirushi* im heutigen Westen ist die Überwindung schlechter Gewohnheiten und die Stärkung des Selbstbewusstseins. Es wird angenommen, dass unproduktives Verhalten und Unsicherheiten auf mentale und emotionale Ungleichgewichte zurückzuführen sind und dass man durch deren Behebung zu einer positiveren Sichtweise seiner selbst und seines Lebensstils gelangen kann (Price, 2019a). Es wird auch gerne eingesetzt, um die Kraft von Affirmationen und Manifestationen zu erhöhen. Zu diesem Zweck kann man das *Sei he ki*-Symbol zeichnen, nachdem man seine Affirmationen aufgeschrieben hat, oder es visualisieren, wenn man etwas Bestimmtes manifestieren möchte.

Hon sha ze sho nen: Das Kontaktsymbol

Keine Gegenwart, Vergangenheit oder Zukunft haben: Das ist die Bedeutung von *Hon sha ze sho nen*. Eine alternative Übersetzung glaubt, dass der Satz bedeutet: „Richtiges Denken ist die Essenz des Seins" (Rhys, 2020b). Dieses Symbol wird durch eine Kombination von fünf *Kanji*, also japanischen Schriftzeichen dargestellt, die gleichzeitig das *Jumon* des Symbols sind. Es gibt verschiedene Interpretationen des Kontaktsymbols. Manche verwenden es, um bei der Anwendung von Reiki-Energie die räumliche und zeitliche Distanz zu überwinden: Sie verwenden es, um Heilung an andere Orte oder sogar in andere Zeitalter zu senden, sowohl in die Vergangenheit als auch in die Zukunft. Andere sehen das Symbol als Zeichen für die Einheit zwischen dem Heiler, seinem Patienten und dem universellen *Ki*, und sie könnten es verwenden, um eine stärkere Verbindung mit anderen Menschen oder ihrem energetischen Selbst herzustellen. In diesem Sinne kann *Hon sha ze sho nen* auch verwendet werden, um eine stärkere Verbindung zum Göttlichen oder zu den spirituellen Helfern des Heilers herzustellen. In anderen Reiki-Systemen bezieht sich dieses *Shirushi* auf die geistigen Fähigkeiten eines bestimmten Heilers sowie auf die Kraft eines Zustandes der Achtsamkeit.

Im heutigen Westen wird *Hon sha ze sho nen* am häufigsten verwendet, um Heilung an andere Orte und in andere Zeiten zu schicken. So können zum Beispiel alte Wunden geheilt werden, indem man sie als Lernerfahrung und nicht einfach als traumatisches Ereignis betrachtet. Des Weiteren können schwierige Zeiten, die vor uns liegen, durch die Verwendung dieses Symbols, das Reiki-Energie in die Zukunft schickt, erleichtert werden. In Anbetracht des virtuellen und globalen Charakters unserer Kultur wird Reiki auch häufig dazu verwendet, Menschen aus der Ferne zu heilen.

Das Kontaktsymbol ist eines der mächtigsten Symbole im Reiki-Arsenal. Im Gegensatz zu den anderen Symbolen wirkt es am besten, wenn es auf den metaphysischen Körper und nicht auf den materiellen Körper angewendet wird. Außerdem ist es am wirksamsten, wenn man es täglich anruft, indem man das Symbol visualisiert oder sein *Jumon* rezitiert.

Dai ko myo: Das Meistersymbol

Dai ko myo gilt als das heiligste Symbol in der Reiki-Praxis. Es bedeutet übersetzt „hell leuchtendes Licht" oder „große Erleuchtung" und wird oft verwendet, um Heiler näher an Gott heranzuführen (Reiki Info, o. D.). In diesem Sinne bedeutet *dai* „groß"; *ky myo* hat mehrere Übersetzungen und Anspielungen, darunter „Erleuchtung", „Natur", „Strahlen" oder „helles Licht". Es steht in engem Zusammenhang mit dem universellen *Ki* und der Intuition des Heilers, und sein Zweck ist es, den Reiki-Praktizierenden näher an die Energie um ihn herum heranzuführen, indem er ihn in die richtige Richtung lenkt. Es ist auch ein Symbol für Verständnis, Essenz, Authentizität und die Fähigkeit, sein innerstes und wahres Selbst zu erkennen. Dieses *Shirushi* wird manchmal als das „schlagende Herz von Reiki" (Reiki Info, o. D.) oder die „Verkörperung des Reiki-Phänomens selbst" (Deacon, 2003) beschrieben, und seine Anwendung sollte von meditativer Stille und Ehrfurcht vor der spirituellen Welt und allem, was sie umfasst, begleitet sein.

Dai ko myo hat die höchste Schwingung aller Symbole, und die Anrufung dieses Symbols kann zur Heilung der Seele, der Aura und der oberen Chakren beitragen. Es spielt auch eine zentrale Rolle, wenn Reiki-Meister Einstimmungen an ihren Schülern vornehmen. Es ist ein Symbol der Ermächtigung und der nährenden Bereicherung, und Sie können es verwenden, um Ihre Heilkraft zu steigern, sodass Sie sich selbst und andere mit größerem Erfolg heilen können. Darüber hinaus wird es oft als Werkzeug verwendet, um die Selbstwahrnehmung zu erweitern und die Beziehung zu sich selbst zu stärken. Da *Dai ko myo* die Energie des Körpers ausgleicht, hat es eine starke Wirkung auf das Immunsystem; es kann auch verwendet werden, um die Kraft anderer Heilmittel und Medikamente zu verstärken oder um Kristalle zu reinigen oder aufzuladen. Dieses Symbol kann durch Visualisierung, Meditation oder durch Vorstellen mit dem Dritten Auge verwendet werden.

Raku: Das Vollendungssymbol

Das Symbol der Vollendung – *Raku* – wird durch eine Zickzackform dargestellt, die eine Feuerschlange darstellen soll. Es wird von oben nach unten gezeichnet und symbolisiert die Fähigkeit des *Shirushi*, einen Reiki-Praktizierenden nach einer Sitzung zu erden. Es ist auch ein Symbol für einen Weg, insbesondere für den Weg, den das *Ki* vom Universum durch den Praktizierenden zum Patienten zurücklegt. Die Verwendung dieses Symbols kann daher einem Heiler helfen, zu sich selbst und seiner eigenen Energie zurückzukehren, um sich von jeglicher Negativität zu reinigen, die er möglicherweise von seinem Patienten aufgenommen hat. Außerdem hilft es dem Heiler, den Nutzen zu assimilieren, den er durch die Heilung eines anderen erfährt. Auch Schüler rufen sie oft nach einer Einstimmung auf, damit sie die Energieübertragung zwischen ihnen und ihren Lehrern optimal nutzen können. Es kann auch im Alltag verwendet werden, wenn man sich erden muss, besonders nach stressigen Ereignissen. *Raku* kann diese Funktionen erfüllen, weil es die Lebensenergie von Reiki gleichmäßig auf alle Chakren einer Person verteilt.

Raku kann als rosafarbenes oder violettes Licht visualisiert werden und wird im Allgemeinen nur Schülern auf der Meisterstufe ihrer Ausbildung beigebracht. Sein Ursprung ist umstritten, und viele Praktizierende glauben, dass es erst von Usuis späteren Schülern, insbesondere von Ishikuro, in das Reiki-System eingeführt wurde (Rhys, 2020a). Trotz dieser Kontroverse ist es ein beliebtes und kraftvolles *Shirushi*, das in der heutigen Reiki-Praxis eine zentrale Rolle spielt.

Während die Symbole für sich allein genommen eine große Wirkung haben, können sie in Kombination noch effektiver sein. Diese Kombinationen können je nach den Umständen beliebige – oder sogar alle – Symbole enthalten. Sie können auch in Verbindung mit anderen Bildern – z. B. Fotos von Fernpatienten – oder Gegenständen wie Kristallen oder Edelsteinen verwendet werden. Unabhängig davon, wie sie angerufen werden, haben die Symbole und ihre Mantras eine große Kraft, und sie werden garantiert Ihre Praxis stärken, Ihre Verbindung mit sich selbst und der Reiki-Energie erhöhen und Ihre körperliche, geistige und emotionale Gesundheit verbessern.

Kapitel 12:
Techniken zum Reinigen, Erden, Ausdehnen und Vereinigen

Eines der Hauptziele eines Reiki-Praktizierenden ist es, ein Kanal für die Energie um ihn herum zu werden. Um dies zu erreichen, müssen Sie sich von allem, was auf dieser Ebene der Realität existiert, entfernen – einschließlich anderer Menschen und Ihrer eigenen Gefühle, Gedanken, Ideen und Erinnerungen. Um zu vermeiden, dass negative Energie in Sie eindringt, müssen Sie sich außerdem vor Beginn einer Reiki-Sitzung von allen Ungleichgewichten reinigen, genauso wie es notwendig ist, Ihre eigene Energie nach der Arbeit mit einem Patienten zu reinigen. Zwei weitere Aspekte der Reiki-Heilung sind Konzentration und Vereinigen: Der erste ist wichtig, um sich selbst mit dem universellen *Ki* in Einklang zu bringen, und der zweite besteht darin, Ihren Körper, Ihren Geist und Ihre Seele zu vereinigen, damit Sie die Reiki-Energie effektiv auf Ihren Patienten übertragen können.

In den modernen Reiki-Stilen lernen die Schüler drei beliebte Methoden, um diese Ziele zu erreichen. Diese sind *Kenyoku ho*, *Joshin kokyu ho* und *Seishin toitsu*. Diese drei Techniken sind ein wesentlicher Bestandteil der fünf Elemente des Reiki von Usui, und ihr jeweiliges Ziel ist es, die Energie eines Reiki-Praktizierenden zu reinigen, zu fokussieren und zu vereinigen. Jede dieser Techniken sollte während verschiedener Teile einer Reiki-Sitzung ausgeführt werden. Einige von ihnen können auch im täglichen Leben angewendet werden, um sich von negativer Energie zu reinigen.

Kenyoku ho: Eine reinigende Technik

Kenyoku ho, oder „trockenes Baden", ist eine traditionelle Reinigungstechnik, die am häufigsten von Menschen angewendet wird, bevor sie einen Tempel oder einen anderen heiligen Ort betreten. In der Reiki-Praxis wird *Kenyoku ho* durchgeführt, um die Energie des Heilers vor und nach einer Sitzung zu reinigen. Anstelle von Wasser verwendet der Heiler jedoch Energie, um sich zu reinigen. Der Hauptzweck besteht darin, den Heiler von anderen Menschen und Dingen zu distanzieren, einschließlich seiner eigenen Gefühle, Gedanken, Umstände und Energie. Diese Art der Distanzierung ist notwendig, denn obwohl der Heiler während der Sitzung in Einklang mit seiner Intuition bleiben muss, sollte er auch als leeres Gefäß für die Reiki-Energie fungieren, die er auf den Patienten übertragen will.

Das trockene Baden kann entweder durch physischen Kontakt oder durch einfaches Führen der Hände über den Körper im Raum der Aura durchgeführt werden. Sie müssen die folgenden Schritte befolgen, um sich zu reinigen:

1. Führen Sie eine *Gassho*-Meditation durch.

2. Achten Sie nach Beendigung der Meditation weiterhin auf Ihren Atem. Atmen Sie durch die Nase ein und durch den Mund aus; versuchen Sie, Ihren Atem natürlich und mühelos zu halten.

3. Legen Sie die rechte Handfläche flach auf die linke Schulter, etwa auf Höhe des Schlüsselbeins.

4. Bewegen Sie Ihre rechte Hand mit sanften und kontrollierten Abwärtsbewegungen von der Schulter über den Bauch zur rechten Hüfte. Atmen Sie jedes Mal, wenn Sie die Hand über den Körper führen, mit einem „Ha" aus.

5. Wiederholen Sie dies an der rechten Schulter mit der linken Hand.

6. Führen Sie diese Sequenz dreimal durch.

7. Legen Sie dann Ihre rechte Hand auf die Außenseite Ihrer linken Schulter.

8. Strecken Sie den linken Arm vor sich aus.

9. Streichen Sie über die Außenseite Ihres Arms, beginnend bei der Schulter und endend bei den Fingerspitzen. Sobald Sie Ihre Finger erreicht haben, stellen Sie sich vor, dass Sie negative Energie von sich wegstoßen, indem Sie Ihre rechte Hand in die Luft schleudern. In einigen Versionen von *Kenyoku ho* müssen Sie mit Ihrer Hand an der Innenseite Ihres Arms ent-

langstreichen, während andere behaupten, Sie müssten mit Ihrer rechten Hand über die Innenseite der linken Handfläche vom Handgelenk bis zu den Fingerspitzen streichen. Welche Methode Sie wählen, hängt von dem Reiki-Stil ab, den Sie praktizieren, obwohl einige Meister vorschlagen, dass Sie bei diesem Teil der Praxis Ihrer Intuition folgen.

10. Wiederholen Sie diese Bewegung mit dem rechten Arm und der linken Hand.

11. Beenden Sie die Reinigung mit einer weiteren kurzen *Gassho*-Meditation.

Das trockene Baden kann durchgeführt werden, wenn Sie zusätzlich zur Reiki-Heilung noch andere Energiearbeit machen. Sie können es auch im Alltag nutzen, wann immer Sie das Bedürfnis verspüren, sich von Negativität oder unreiner Energie zu befreien.

Joshin kokyo ho: Meditation und Atemarbeit zur Erweiterung des Geistes

Joshin kokyo ho, auch *Joshin kokyu ho* genannt, ist eine Kombination aus Meditation und Atemarbeit, die dazu dient, den Geist zu reinigen, den Verstand zu fokussieren und den Heiler zu energetisieren. Sie wurde von Usui in das Reiki-System eingeführt und wird den Schülern auf allen Ausbildungsstufen beigebracht. Aufgeschlüsselt lässt sich der Begriff wie folgt übersetzen: *jo* bedeutet „rein" oder „sauber", *shin* bezieht sich auf den erleuchteten Geist oder die Essenz eines Wesens, *kokyo* beschreibt den Akt des Atmens und *ho* bedeutet „Methode" oder „Prinzip" (Stiene, 2016). Zusammengenommen bedeutet der Satz also „die Methode, unseren erleuchteten Geist durch Ein- und Ausatmen zu verwirklichen" (Stiene, 2016, Abs. 3). Diese Methode erfordert regelmäßiges Üben und zielt letztlich darauf ab, die Erkenntnis zu erlangen, dass der erleuchtete Geist und das Universum – wenn sie in Harmonie miteinander sind – beide gleichermaßen rein und unendlich sind.

Joshin kokyo ho ist nicht nur eine Atem- und Meditationstechnik, sondern erfordert auch, dass Sie das universelle *Ki* visualisieren, während es sich durch Ihren Körper bewegt. Es gibt zwei wichtige Komponenten dieser Praxis: Die erste besteht darin, den Geist zu den unteren *Tanden* unterhalb des Nabels zu bringen, um sich zu erden; die zweite besteht darin, den Geist den Körper verlassen zu lassen und sich für den Rest des unendlichen Universums zu öffnen. Indem Sie Ihrem Geist erlauben, sich endlos auszudehnen, befreien Sie sich von jeglicher Einengung und vereinigen sich mit der Reiki-Energie, die Sie kanalisieren möchten. Wenn sich Ihr Geist für das Universum öffnet, sind Sie nicht mehr in der Lage, an Ihren Gedanken festzuhalten oder sich von ihnen ablenken zu lassen. Stattdessen werden Sie sich von Weite und Unendlichkeit umgeben sehen. Alle Gedanken, die Ihnen kommen, lösen sich einfach in den Raum um Sie herum auf, wenn Sie bereit sind, sie loszulassen, ohne an ihnen festzuhalten. Um Taisen Deshimaru zu zitieren: „Ein ruhiger Geist, der an nichts gebunden ist, lässt authentische Weisheit erscheinen" (Stiene, 2016, Abs. 34).

Wenn Sie neu in Reiki sind, könnte diese Art der Visualisierung anfangs schwer zu verstehen sein. Zu lernen, Ihren Geist auf diese Weise zu erweitern, erfordert Zeit, Übung und Geduld: Denken Sie daran, dass es genauso wertvoll ist, zu scheitern und es erneut zu versuchen, als es „richtig" zu machen! Eine einfache *Joshin-kyokyo-ho*-Praxis folgt normalerweise den folgenden Schritten (Stiene, 2016):

1. Suchen Sie sich eine bequeme Sitzgelegenheit, sodass Ihre Wirbelsäule gerade ist und mit dem Steißbein und dem Scheitel des Kopfes in einer Linie liegt.

2. Bringen Sie Ihre Hände in die *Gassho*-Position und schließen Sie die Augen.

3. Beginnen Sie mit dem Einatmen durch die Nase und dem Ausatmen durch den Mund.

4. Stellen Sie sich bei jedem Einatmen vor, dass Sie die Reiki-Energie durch den Scheitel Ihres Kopfes einatmen; folgen Sie ihr mit Ihrem Geist, während sie durch Ihre Energiezentren in Ihr unteres *Tanden* fließt. Erlauben Sie dem Licht des Göttlichen, sich mit jedem Einatmen in Ihrem ganzen Körper auszubreiten, und lassen Sie es alles in Ihnen beleuchten, was negativ, unausgewogen oder unrein ist.

5. Sobald Ihr Atem den Raum unterhalb Ihres Nabels erreicht, konzentrieren Sie sich auf die Erdung, die er Ihnen bringt. Halten Sie Ihren Geist auf Ihren Körper gerichtet und versuchen Sie, sich nicht ablenken zu lassen. Falls doch, nehmen Sie die Ablenkung wahr und lassen sie sanft an Ihnen vorbeiziehen.

6. Beim Ausatmen stellen Sie sich vor, wie das Licht von Reiki Ihren Körper verlässt. Lassen Sie es in den Rest des Universums ausstrahlen.

7. Erlauben Sie Ihrem Geist, Ihren Körper zu verlassen und sich in die Energie, die Sie umgibt, auszudehnen und sich mit ihr zu verbinden.

8. Wiederholen Sie dies drei- bis fünfmal oder bis Sie intuitiv spüren, dass Sie bereit sind.

Seishin toitsu: Meditation zur Vereinigung

Um Reiki zu praktizieren – oder sich erfolgreich im Leben zurechtzufinden – ist Konzentration der Schlüssel. Lücken in der Aufmerksamkeit können Ihre Praxis oder Ihren Fortschritt behindern, zu Misserfolg führen oder unter Umständen sogar tödlich sein. Ein Pilot, der ein Flugzeug landet, kann es sich nicht leisten, die Konzentration zu verlieren, während er diese Aufgabe ausführt, und in gleicher Weise wird ein Reiki-Heiler, der seine Konzentration verloren hat, auch seine energetische Verbindung zu seinem Patienten und zu der durch ihn geleiteten Energie verlieren. Um den Geist, den Körper und die Seele bei der Ausführung einer einzigen Aufgabe zu vereinigen, haben sich viele östliche Praktiken – von den Kampfkünsten über Kalligrafie und Teezeremonien bis hin zur Energiearbeit – dem *Seishin toitsu* zugewandt, um die Konzentration zu kultivieren, Zögern und Unentschlossenheit zu vermeiden und die menschliche Aufmerksamkeitsspanne zu verbessern. Bei all diesen Praktiken ist jede einzelne Bewegung sowie die Pausen zwischen ihnen entscheidend für die erfolgreiche Ausführung des Ganzen – und deshalb ist die Vereinigung von allem, was den Menschen ausmacht, so wichtig.

Seishin kann mit „reiner Geist" übersetzt werden, während *toitsu* „sich auf die Gegenwart konzentrieren" oder „sich sammeln" bedeutet (Ohlenkamp, o. D.). Es handelt sich um eine uralte Meditationspraxis, die darauf abzielt, Konzentration und Sorgfalt zu lehren, damit die ausgeübte Kunst – sei sie nun körperlicher, geistiger, spiritueller oder kreativer Natur – mühelos vollendet werden kann. In diesem Sinne ist *Seishin toitsu* eine Reise: Es lehrt den Übenden, Körper, Geist und Seele zu vereinigen, wenn die Meditation regelmäßig ausgeübt wird. Da *Seishin toitsu* allen Bereichen des Lebens zugutekommen kann, sollte diese Praxis nicht nur auf Reiki-Sitzungen beschränkt sein:

1. Beginnen Sie im Sitzen, mit gerader Wirbelsäule und den Händen in der *Gassho*-Position.

2. Atmen Sie durch die Nase ein und richten Sie Ihre Aufmerksamkeit auf Ihre Hände: Stellen Sie sich vor, wie Sie durch Ihre Hände einatmen.

3. Während Sie durch Ihre Hände einatmen, stellen Sie sich vor, dass die Reiki-Energie um Sie herum mit Ihrem Atem in Ihre Hände fließt. Folgen Sie ihrem Fluss durch Ihren Körper, bis hin zu Ihrem unteren *Tanden*. Diese Energie wird oft als ein helles Licht oder ein Feuer visualisiert, das lebendiger wird, sobald es sich im Raum unterhalb des Nabels niederlässt.

4. Atmen Sie aus und stellen Sie sich vor, wie die Reiki-Energie Ihre Hände verlässt, während ihr Feuer in Ihrem unteren *Tanden* verbleibt.

5. Vielleicht spüren Sie Wärme in Ihren Händen und Ihrem Bauch, wenn die Energie durch Sie hindurchfließt.

6. Spüren Sie, wie Ihr Geist, Ihr Körper und Ihre Seele zu einem einheitlichen Ganzen werden.

7. Sobald Sie bereit sind, kommen Sie sanft aus der Meditation heraus.

So wie es bei der Kultivierung der Konzentration – *Seishin toitsu* – um den Weg und nicht um das Ziel geht, so geht es auch bei der Kunst des Reiki um den Prozess und nicht um das Endergebnis. Jede Handlung und jedes Ritual ist Teil des Heilungsprozesses: vom Aufschließen des Raumes, in dem Sie die Sitzung durchführen wollen, bis zum Auflegen der Hände auf den Patienten. Reiki ist eine Kunst, nicht nur, weil es heilt, sondern weil es ein komplexes und gleichzeitig poetisches System ist, das alle Facetten dessen, was wir als Menschen sind, sowie unsere Beziehung zueinander, zu anderen Lebensformen und zum Universum als Ganzes umfassend anspricht. So wie ein Kalligraf auf jeden einzelnen Pinselstrich achten und ein Kampfsportler jede einzelne Bewegung berücksichtigen muss, so muss auch der Heiler jede Handlung mit Präzision und Entschlossenheit ausführen. Jeder Teil des Systems hat einen Zweck – und *genau darin* liegt die Magie von Reiki.

Säule 4: Ausbildung (Shoden/Erster Reiki-Grad)

Kapitel 13:
Selbstbehandlung (Tenohira)

Die meisten Menschen stellen sich Reiki so vor, dass es von einer Person an einer anderen praktiziert wird. Es ist jedoch möglich, Reiki-Heilung an sich selbst durch tägliche Sitzungen durchzuführen – und tatsächlich wird dies als eines der fünf Hauptelemente von Reiki angesehen. *Tenohira* ist die Kunst, sich selbst zu heilen, indem man die Hände benutzt, um Energie aus dem universellen *Ki* in den eigenen Körper zu leiten (International House of Reiki, 2010a). Der Hauptzweck von *Tenohira* besteht darin, energetische Pfade im Körper freizulegen und zu reinigen. Gleichzeitig stärkt das Praktizieren der Selbstheilung die Verbindung des Heilers mit dem Göttlichen.

Das von der Usui-Linie abgeleitete Reiki-System ist komplex und umfassend und besteht aus vielen verschiedenen Komponenten und Ritualen. Diese sind zwar wichtig für eine effektive Praxis, können aber auch an einen modernen westlichen Lebensstil angepasst werden. Manche praktizieren *Tenohira* allein nach ihrem Instinkt, aber es gibt auch spezifische Handpositionen für alle, die sich nicht sicher sind, wie sie den Prozess der Selbstheilung beginnen sollen. Denken Sie daran, dass die

Reiki-Energie für alle zugänglich ist, und wenn Sie einmal ihre Heilkraft entdeckt haben, kann sie Ihnen nie wieder genommen werden.

Vorbereitungen

Das Ziel einer Reiki-Praxis ist es, Energieblockaden zu lösen und Ihre Energie ins Gleichgewicht zu bringen, sodass Sie Ihre körperliche, geistige und emotionale Gesundheit wiederherstellen können. Um dies zu erreichen, müssen Sie entspannt und konzentriert sein. Um den richtigen Geisteszustand zu erreichen, gibt es ein paar praktische Dinge, die Sie vor einer Reiki-Sitzung tun können. Achten Sie zunächst auf Ihre Kleidung: Sie sollten sich so wohl wie möglich fühlen, also achten Sie darauf, dass Sie etwas Lockeres und Atmungsaktives tragen, das der Außentemperatur angemessen ist. Wenn Sie sich nicht sicher sind, sollten Sie mehrere Schichten übereinander anziehen oder etwas Warmes bereithalten, falls Sie das Wetter falsch eingeschätzt haben. Wenn Sie vorhaben, ohne Schuhe zu gehen, sollten Sie außerdem Socken dabei haben, damit Ihre Füße nicht auskühlen.

Außerdem müssen Sie auf Ihre Ernährung und Flüssigkeitszufuhr achten. Durst und Hunger lenken Sie während einer Sitzung nur ab. Achten Sie also darauf, dass Sie einige Stunden vor einer Reiki-Praxis eine leichte Mahlzeit zu sich nehmen. Gleichzeitig ist es am besten, nicht zu viel zu essen, denn das lenkt die Energie Ihres Körpers auf die Verdauung der Nahrung und nicht auf die Behandlung. Es ist auch wichtig, vor Beginn einer Sitzung auf die Toilette zu gehen. Wenn Sie sich während der Sitzung unwohl fühlen, unterbrechen Sie Ihre Arbeit und passen Sie alles an, was angepasst werden muss. Ein großer Teil des Wertes von Reiki liegt in der Konzentration und Entspannung, sodass es frustrierend und kontraproduktiv sein kann, die Praxis fortzusetzen, wenn Sie von Ihrem Körper abgelenkt werden.

Die wichtigste Vorbereitung, die Sie vor einer Reiki-Sitzung treffen können, besteht darin, sich etwas Zeit zum Nachdenken zu nehmen. Nehmen Sie sich ein paar Minuten Zeit, um auf Ihre Gedanken, Ihre Stimmung und Ihre Empfindungen zu achten. Wie fühlt sich Ihr Körper an? In welchem Geisteszustand befinden Sie sich? Rasen Ihre Gedanken durch Ihren Kopf oder sind Sie konzentriert, zentriert und entspannt? Nehmen Sie sich neben der Reflexion auch die Zeit, eine Absicht zu formulieren. Warum haben Sie sich an Reiki gewandt, und was erhoffen Sie sich von dieser Praxis?

Wenn Sie eine Behandlung an sich selbst durchführen, ist es auch wichtig, die Reinigungstechniken und Meditationen durchzuführen, die das Reiki-System verlangt, bevor Sie mit der Praxis beginnen. Dazu gehören die *Gassho*-Meditation, um den Geist zu konzentrieren und zu beruhigen, und das Üben von *Reiji-ho*, um die Intuition zu schärfen. Unter Berücksichtigung der Prinzipien des Entrainment ist es auch wichtig, sich selbst und den Raum, in dem Sie die Sitzung durchführen wollen, vorzubereiten. Dies kann durch Reinigung, Meditation oder die Verwendung der notwendigen und geeigneten Symbole geschehen. Schließlich ist es wichtig, *Kenyoku-ho* durchzuführen, um Ihre Energie zu reinigen, *Joshin kokyo-ho*, um Ihren Geist zu erden und zu erweitern, und *Seishin toitsu*, um Ihre Aufmerksamkeit zu fokussieren, indem Sie Ihren Körper, Ihren Geist und Ihre Seele vereinigen. Diese Praktiken werden jeweils in den Kapiteln 5, 6, 11 und 12 beschrieben.

Wie man eine Selbstbehandlung durchführt

Traditionell wird Reiki von Heilern an ihren Patienten angewandt. Aber auch die Selbstheilung – *Tenohira* – ist möglich und hat in den vergangenen Jahren an Popularität gewonnen. Reiki-Meisterin Parita Shah gehört zu denjenigen, die glauben, dass Selbstheilung möglich ist, und sie praktiziert Reiki täglich. Shah (2020) empfiehlt jedem, der sich auf die Kunst der Selbstheilung einlassen möchte, den folgenden Prozess zu befolgen:

1. Suchen Sie sich zunächst einen bequemen, ruhigen Platz für Ihre Übung. Es ist wichtig, dass Sie körperlich und geistig entspannt sind, finden Sie also eine Haltung, die dies ermöglicht. Dazu können Sie sich hinlegen und Kopf und Knie auf Kissen abstützen oder im Schneidersitz mit den Knien unterhalb der Hüfte auf dem Boden oder einem Kissen sitzen. Wenn Sie eine dieser Möglichkeiten als unbequem empfinden, können Sie sich auch auf einen Stuhl setzen, der Ihren Rücken gut stützt und auf dem Sie Ihre Füße flach auf den Boden stellen können.

2. Regelmäßiges Üben erfordert Zeit, Energie, Engagement und Mut – vor allem, wenn es für Sie neu ist. Deshalb sollten Sie Ihre Disziplin wertschätzen! Behandeln Sie sich selbst mit Freundlichkeit und Mitgefühl und erkennen Sie Ihre Bereitschaft an, das zu tun, was notwendig ist, um Ihre körperliche, geistige und emotionale Gesundheit zu verbessern.

3. Versetzen Sie sich in einen meditativen Zustand, indem Sie Ihre Aufmerksamkeit auf Ihren Atem richten. Nehmen Sie nun Ihren Körper und seine Empfindungen wahr: Wo spüren Sie Spannungen, Unbehagen oder Schmerzen? Leiten Sie Ihren Atem dorthin, während Sie gleichzeitig auf Ihre Körperhaltung achten. Entspannen Sie Ihre Schultern, lockern Sie Ihren Kiefer und entspannen Sie die Muskeln in Ihrem Gesicht, Ihren Händen und Ihren Füßen. Wenn Sie sich in der von Ihnen gewählten Position unwohl fühlen, nehmen Sie die notwendigen Anpassungen vor, damit Sie später in der Praxis nicht abgelenkt werden.

4. Sobald Sie sich entspannter fühlen, achten Sie darauf, wie sich Ihr Atem in Ihrem Körper anfühlt. Atmen Sie ganz in den Bauch hinein, oder bleibt die Einatmung in der Brust stecken? Achten Sie darauf, dass Ihr Atem ganz in den Unterkörper geht: Spüren Sie, wie sich Ihr Rücken und Ihr Brustkorb beim Einatmen ausdehnen und beim Ausatmen wieder zusammenziehen. Die tiefe Atmung ist ein wesentlicher Bestandteil einer Reiki-Praxis, weil sie alle Energiezentren aktiviert. Gleichzeitig wird auch der Vagusnerv stimuliert, der Ihnen hilft, sich zu entspannen.

5. Erinnern Sie sich an die fünf Lebensregeln von Reiki – wie in Kapitel 4 beschrieben – und rezitieren Sie sie leise oder laut vor sich hin. Sie können sie entweder auf Japanisch oder auf Deutsch sagen, je nachdem, was Sie intuitiv als richtig empfinden.

6. Wenden Sie sich an Ihre spirituellen Helfer und erlauben Sie ihnen, Sie durch Ihre Praxis zu führen. Shah (2020, Abs. 7) schlägt vor, die folgenden Worte zu sprechen: „Ich begrüße die Anwesenheit meiner Reiki-Meister, Lehrer, Heiler und Führer. Ich begrüße eure energetischen Segnungen und Botschaften für das höchste Wohl aller. Danke, dass ihr uns mit Liebe und Licht beschenkt." Öffnen Sie Ihre Intuition und spüren Sie die Anwesenheit der Wesen, die Ihnen Gutes wünschen.

7. Einstimmungen sind wichtig, um zu lernen, die Reiki-Energie zu kanalisieren, und sie können nur von einem Reiki-Meister durchgeführt werden. Aber auch ohne formale Ausbildung ist es möglich, Liebe und Licht auf sich selbst zu lenken. Dabei spielen Ihre Absicht und Ihr Bewusstsein eine wichtige Rolle. Erlauben Sie sich, offen für das universelle *Ki* zu sein und seine heilende Kraft in Ihren Körper aufzunehmen.

8. Legen Sie Ihre Hände auf Ihren Körper, um Reiki in Ihre Energiezentren zu leiten. Beginnen Sie mit dem Scheitel Ihres Kopfes,

9. gefolgt von Ihren Augen.

10. Legen Sie dann Ihre rechte Hand auf Ihren Hals und Ihre linke Hand auf Ihr Herz.

11. Bewegen Sie Ihre Hände anschließend zuerst zum Hinterkopf

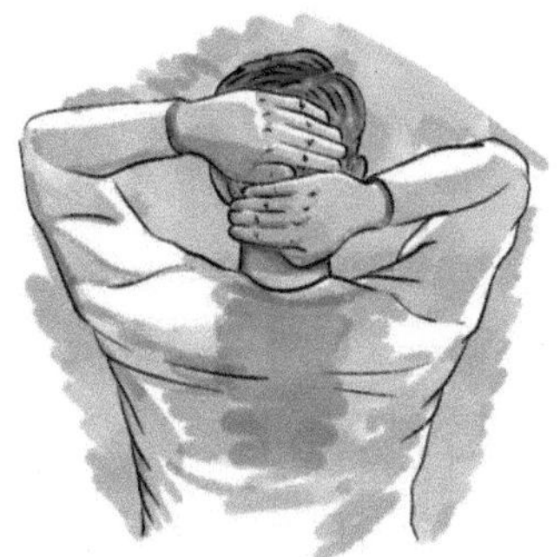

12. und dann zu Ihrer oberen Brust.

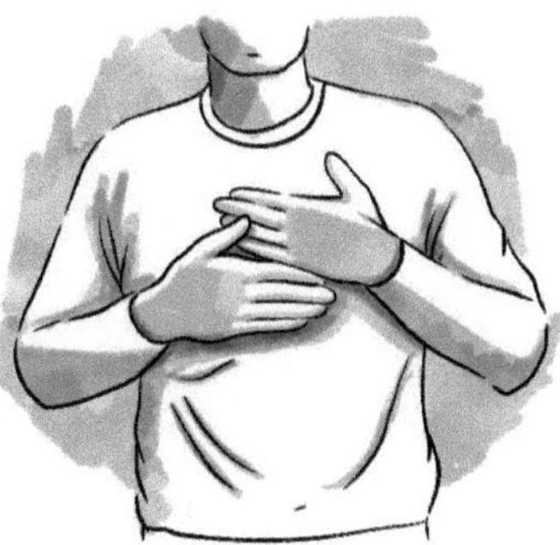

13. Bewegen Sie Ihre Hände weiter nach unten zur Brustlinie und legen Sie sie so, dass die Mittelfinger an der Stelle zusammenkommen, wo Ihr Brustbein endet.

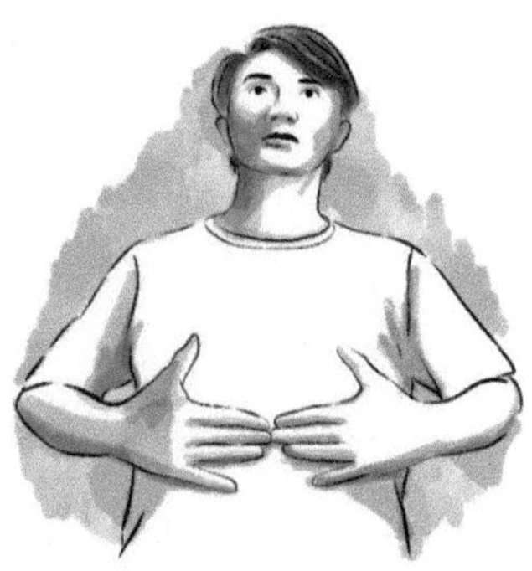

14. Halten Sie die Mittelfinger zusammen und führen Sie Ihre Hände nun zum Solarplexus im Oberbauch,

15. dann zum Bauchnabel

16. und schließlich zu Ihrem Unterbauch, wo sich Ihre Erdenergie – oder Ihr *Ka-Tanden* – befindet.

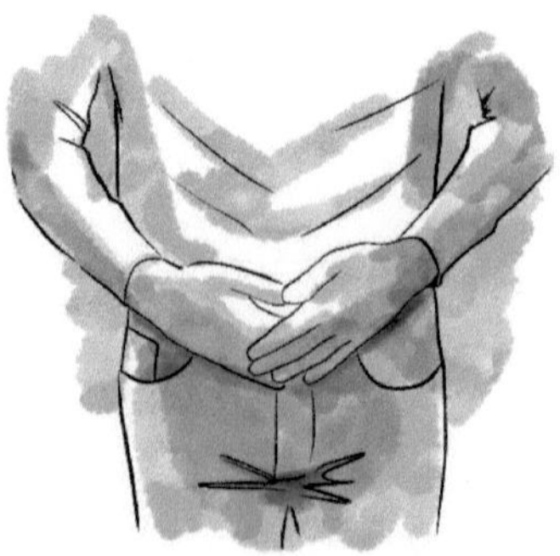

17. Führen Sie die Hände wieder nach oben und legen Sie diese so auf Ihre Schultern, dass die Handrücken nach hinten zeigen.

18. Legen Sie dann Ihre Hände auf die Rückseite Ihrer Taille in der Nähe Ihrer Nieren.

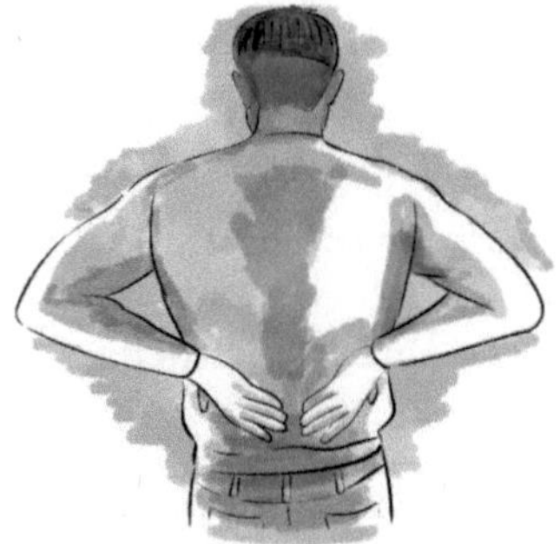

19. Zum Schluss kreuzen Sie die Beine, falls Sie das noch nicht getan haben, und legen Ihre Hände entweder auf die Fußspitzen oder auf die Fußsohlen.

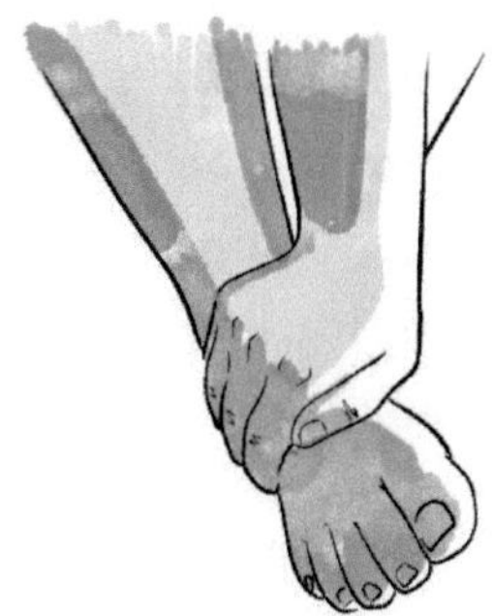

20. Lassen Sie Ihre Hände in jeder Position eine Zeitlang verweilen und erlauben Sie Ihrer Intuition, Sie bei der Dauer zu leiten. Wenn Ihnen das schwerfällt, können Sie jede Handauflegung auch mithilfe Ihres Atems oder eines sanften Reiki-Timers festlegen, der speziell für diesen Zweck entwickelt wurde. Die meisten Quellen empfehlen, jede Handposition zwei Minuten oder länger zu halten.

21. Wenn Sie sich während einer Sitzung einmal unsicher fühlen, können Sie sich an *Reiji-ho* wenden, um Ihre Intuition zu schärfen und Ihre Verbindung zur Reiki-Energie zu verstärken. Sie können auch die Kraft der Symbole anrufen, wenn Sie das Gefühl haben, dass es notwendig ist. Die erste Methode wird in Kapitel 5 und die zweite in Kapitel 11 beschrieben.

22. Sie können während des Übens entspannende Instrumentalmusik hören, sofern diese Sie nicht ablenkt.

23. Denken Sie daran, Ihren spirituellen Helfern und der Reiki-Energie zu danken, wenn Sie eine Sitzung beendet haben! Vergessen Sie ebenso nicht, Dankbarkeit für die Reise zu zeigen, die Sie zu Reiki geführt hat. Sobald Sie bereit sind, können Sie die Praxis sanft beenden.

Jeder Mensch erlebt eine Reiki-Sitzung anders, und vielleicht erleben Sie Dinge, die andere nicht erleben. Am häufigsten berichten die Menschen, dass sie sich extrem entspannt fühlen, manchmal bis hin zur Schläfrigkeit. Vielleicht spüren Sie auch, wie Teile Ihres Körpers kribbeln oder sich erwärmen, wenn die Energie durch sie hindurchfließt, oder Sie haben eine spirituelle Erfahrung, wie z. B. eine Vision oder sehen einen Reiki-Meister.

Praktiken nach der Behandlung

Die Kraft einer Reiki-Sitzung liegt ebenso sehr in den Nachwirkungen der Sitzung wie in der Sitzung selbst. Deshalb ist es wichtig, die Sitzung zu integrieren, nachdem Sie sie beendet haben. Es gibt verschiedene Möglichkeiten, um dies zu tun: Sie können meditieren, sich in die Totenstellung – oder *Savasana* – legen, einen Spaziergang in der Natur machen oder sogar ein Nickerchen halten. Was Sie auf keinen Fall nach einer Reiki-Praxis tun sollten, ist, sich sofort wieder in die Welt zu stürzen und Ihr geschäftiges Leben fortzusetzen. Versuchen Sie also, Ihren Tag so zu gestalten, dass Sie sich eine Auszeit gönnen können, und vermeiden Sie alles, was stressig oder körperlich, geistig oder emotional anstrengend ist. Idealerweise sollten Sie versuchen, etwas Zeit allein zu verbringen, damit Sie die Sitzung in sich aufnehmen und so viele Vorteile wie möglich daraus ziehen können.

Eine Reiki-Sitzung wird Ihnen höchstwahrscheinlich neue Erkenntnisse bringen, und es ist wichtig, diese nach der Sitzung zu reflektieren. Sie können dies tun, indem Sie ein Tagebuch schreiben, zeichnen, entspannende Musik hören oder meditieren. Es ist auch gut, zu der Absicht zurückzukehren, die Sie sich vor der Sitzung gesetzt haben: Was haben Sie in der Sitzung gelernt, und wie können Sie es in Zukunft in Ihr Leben einbauen?

Energiearbeit – ob Sie nun der Heiler, der Patient oder beides sind – erfordert viel Energie. Auch wenn Sie sich geistig und emotional entspannt fühlen, kann Ihr Körper nach einer Reiki-Sitzung eine gewisse Erschöpfung erfahren. Daher ist es wichtig, dass Sie sich mit Nahrung und Wasser versorgen. Trinken Sie ein oder zwei Gläser Wasser und, wenn vorhanden, fügen Sie einige Elektrolyte hinzu, um Ihren Körper zu beleben. Auch eine leichte Mahlzeit oder ein Snack ist gut, um Ihre Energie wiederherzustellen und Ihren Blutzuckerspiegel auszugleichen.

Da Essen und Trinken Ihre Aufmerksamkeit auf Ihren Körper lenken, kann es dabei helfen, Sie nach einer Sitzung mit Energiearbeit wieder zu erden. Hören Sie auf Ihren Körper und geben Sie ihm, was er braucht – aber versuchen Sie, sich an gesunde Lebensmittel zu halten, die Ihren Körper nähren, statt ihn mit Giftstoffen zu belasten.

Nach dem von Usui entwickelten System sollte ein Reiki-Heiler nach einer Sitzung eine weitere *Gassho*-Meditation durchführen und sich durch ein *Kenyoku-ho*-Trockenbad von jeglicher negativen Energie reinigen. Wenn Sie das Gefühl haben, dass Sie sich erden müssen, können Sie auch einige Zeit damit verbringen, auf Ihr unteres *Tanden* zu meditieren, um in Ihren physischen Körper zurückzukehren. Diese Praktiken werden in den Kapiteln 5, 8 und 12 behandelt. Es ist unwahrscheinlich, dass es dazu kommt, aber wenn Sie körperliche oder emotionale Schmerzen haben, zögern Sie nicht, jemanden, der in der Kunst des Reiki erfahren ist, um Rat und Hilfe zu bitten. Der Zweck von Reiki ist es, zu heilen – nicht zu schaden – und es ist keine Schande, andere um Rat zu bitten.

Manche Menschen glauben, dass Reiki nur von jemandem praktiziert werden sollte, der eine formale Ausbildung erhalten hat, während andere die Meinung vertreten, dass die Reiki-Energie jedem zur Verfügung steht und von jedem genutzt werden kann, der sich dazu entschließt. Die Teilnahme an einem Reiki-Kurs hat zweifellos Vorteile, vor allem die Einstimmungen, die Sie von Ihrem Lehrer erhalten. Noch wichtiger als die Ausbildung ist jedoch Ihr Engagement für die Praxis. Damit Reiki wirklich eine Veränderung in Ihrem Leben bewirken kann, sollten Sie es regelmäßig praktizieren. Es spielt keine Rolle, wann Sie praktizieren – manche Menschen ziehen es vor, jeden Tag zur gleichen Zeit zu praktizieren, während andere vorschlagen, es immer dann zu tun, wenn es sich richtig anfühlt –, solange Sie es gewissenhaft tun. Im Idealfall sollte eine Sitzung 30 bis 40 Minuten dauern. Wenn

Sie jedoch nur wenig Zeit haben, können schon 10 bis 15 Minuten pro Tag einen großen Unterschied ausmachen. Um Reiki-Meister Takata zu zitieren: „Ein wenig Reiki-Praxis ist besser als gar keine" (Miles, 2011, Abs. 12). Wenn es um Gewohnheiten und Rituale geht, sind es nicht immer die großen Gesten, die zählen – es sind die kleinen Dinge, die wir konsequent tun, die die bedeutsamsten Veränderungen bewirken.

Säule 5:
Heilung

Kapitel 14:
Heilmittel für verschiedene körperliche, geistige und spirituelle Leiden

Ihre Hände haben die Macht zu heilen. Das ist keine Kleinigkeit: In einer Welt, in der zahllose Menschen an körperlichen, geistigen und spirituellen Ungleichgewichten leiden, ist die Fähigkeit, sich selbst und andere nur mit den Händen zu behandeln, fast wie eine Superkraft. Manche Krankheiten sind schlimmer als andere, und viele Menschen benötigen eine westliche medizinische Behandlung für ihre Beschwerden. Aber auch wenn Sie sich von einem Arzt oder Spezialisten behandeln lassen, kann Reiki eine nützliche Form der ergänzenden Therapie sein. Für alle anderen ist Reiki eine wunderbare Möglichkeit, sich wieder mit sich selbst und dem Universum zu verbinden und die vielen medizinischen Probleme anzugehen, mit denen unsere Gesellschaft tagtäglich konfrontiert ist.

Körperliche Beschwerden

Energetische Ungleichgewichte äußern sich nicht nur als geistige Beschwerden oder spirituelle Defizite, sondern auch als körperliche Symptome. Geist, Körper und Energie sind untrennbar miteinander verbunden, und eine Unterbrechung in einem dieser Bereiche kann schmerzhafte Folgen für einen Menschen haben. Die Liste der Symptome, die auftreten können, wenn unsere Chakren blockiert sind, ist endlos, aber einige der häufigsten Probleme sind unter anderem:

- Kopfschmerzen und Migräne

- Schmerzen und Steifheit im Nacken

- Schultersteife und Schulterschmerzen

- Wirbelsäulenschmerzen

- Hautprobleme, wie Schuppenflechte, Ekzeme und Akne

- Erkältungen und Grippe

- Probleme mit der Fruchtbarkeit

- Fibromyalgie

- Anämie

- Herzerkrankungen

- Probleme mit dem Haarwuchs und Haarausfall

- Reizdarmsyndrom, Reizdarmstörung und Morbus Crohn

- Schmerzen in den Muskeln und Gelenken des Kiefers

- Muskelkrämpfe

- Knieschmerzen

- Skoliose

- Probleme mit dem Sehvermögen

- Schmerzen und Steifheit in den Beinen

- Schluckauf

- Schmerzen in den Füßen

- Nierenerkrankung

- Lungenprobleme und Atembeschwerden

- Probleme mit Gewichtsverlust und Gewichtszunahme

- Tuberkulose

- Probleme mit den Nebennieren

- Schlaganfälle

- Ischiasbeschwerden

- Zahnfleischerkrankungen und Zahnprobleme

- Morbus Bechterew

- Schmerzen im Solarplexus

- Allergien

- Schmerzen und Entzündungen im Hals

- Unbehagen und Steifheit in den Oberschenkeln

- Tinnitus

- Probleme mit den Schilddrüsen

- Diabetes

- Magenschmerzen und Verdauungsprobleme

- Neurologische Störungen

- Krampfadern

- Geschwüre

Reiki kann auch als eine Form der Palliativmedizin für Menschen mit schweren oder chronischen Krankheiten eingesetzt werden. Um Reiki zur Linderung von körperlichen Symptomen zu verwenden, versuchen Sie die folgende Methode:

1. Setzen Sie sich in eine ruhige Umgebung, die frei von Ablenkungen ist. Um die Energie des Raumes zu verstärken, können Sie Räucherstäbchen oder Kerzen anzünden oder Musik spielen, vorausgesetzt, dies lenkt die Aufmerksamkeit nicht von Ihrer Praxis ab.

2. Beginnen Sie damit, fünf bis zehn tiefe Atemzüge zu machen; das hilft Ihnen, Ihr Nervensystem zu beruhigen und sich in der Praxis zu zentrieren.

3. Führen Sie einen Körperscan durch: Beginnen Sie oben am Kopf und richten Sie Ihre Aufmerksamkeit entlang Ihres Körpers auf Gesicht, Hals, Brust, Arme, Bauch, Beine und Zehen. Lassen Sie Ihre Aufmerksamkeit in jedem Bereich verweilen und nehmen Sie wahr, wo sich die Spannung in Ihrem Körper befindet. Pressen Sie Ihren Kiefer zusammen? Ziehen Sie die Schultern zusammen? Sind Ihre Handflächen offen und Ihre Finger entspannt?

4. Lassen Sie Ihre Aufmerksamkeit dort ruhen, wo Sie auf Spannungen oder Schmerzen stoßen. Atmen Sie tief ein und senden

Sie Energie an diese Stellen, um die Spannung zu lösen und die Beschwerden zu lindern. Sie können auch mit den Händen über diese Stellen streichen oder die in Kapitel 13 beschriebenen Handpositionen anwenden.

5. Diese Praxis ist eine ideale Gelegenheit, das Reiki-Harmoniesymbol und das Kraftsymbol anzurufen. Sie können sie in Ihre Praxis einbringen, indem Sie sie auf oder über Ihrem Körper visualisieren, wo immer Sie sich angespannt fühlen.

6. Sobald Sie Ihren Körperscan abgeschlossen haben, richten Sie Ihre Aufmerksamkeit wieder auf den Scheitel und beginnen den Prozess von neuem. Lassen Sie erneut alle Spannungen los, die Sie in Ihrem Körper spüren.

7. Bevor Sie die Übung beenden, konzentrieren Sie sich fünf Minuten lang auf Ihren Atem und nehmen den Frieden auf, den die Sitzung Ihnen gebracht hat.

8. Sobald Sie bereit sind, danken Sie Ihren geistigen Helfern — und setzen den Rest Ihres Tages in Frieden und Liebe fort.

Psychische Erkrankungen

Nur wenige von uns können sagen, dass sie mit sich selbst und ihrem Leben vollkommen im Reinen sind. Es gibt eine lange Liste von Ungleichgewichten, unter denen Menschen leiden, darunter Schlaflosigkeit und Schlafstörungen, Schwierigkeiten, mit Ärger umzugehen, chronischer Stress und Angstzustände sowie Depressionen. Andere Störungen wie Zwangsneurosen, Sucht und Reaktionen auf Traumata sind in unserer Welt ebenfalls fast alltäglich geworden. Zum Glück gibt es Reiki — eine Praxis, an die wir uns alle wenden können, wenn wir Heilung brauchen. Es gibt viele verschiedene Möglichkeiten, wie Reiki zur Behandlung dieser Störungen eingesetzt werden kann. Im Folgenden finden Sie einige Methoden, auf die Sie zurückgreifen können, wenn Sie sich unsicher fühlen, Schwierigkeiten haben, Ihre Emotionen zu kontrollieren, oder unter einem schmerzhaften Ungleichgewicht oder einer Störung leiden, die Ihr Leben beeinträchtigt.

Reiki als Hilfe, sich sicher zu fühlen

Schlafstörungen, Ängste, Stress und Traumata können die Folge vielerlei Dinge sein, einschließlich des Gefühls, dass wir uns in unserer Umgebung unsicher fühlen oder unsicher sind. Einer der Hauptvorteile von Reiki ist das Gefühl der Entspannung und des Friedens, das es hervorruft, was diese Form der Energieheilung ideal für jeden macht, der sich eine Auszeit nehmen möchte, um sich wieder zu sammeln. Um die Reiki-Energie in Ihr Leben zu bringen, versuchen Sie Folgendes (Melton, 2022):

1. Suchen Sie sich eine bequeme Position auf Ihrem Bett und schließen Sie die Augen.

2. Atmen Sie natürlich und tief, und erlauben Sie Ihrem Atem, Ihren Geist zu beruhigen. Konzentrieren Sie sich auf Ihr Ein- und Ausatmen und spüren Sie, wie die Luft Ihren Brustkorb auf und ab bewegt.

3. Öffnen Sie die Augen, während Sie sich weiterhin auf Ihren Atem konzentrieren, und richten Sie Ihren Blick in die Ecken des Raumes.

4. Visualisieren Sie das goldene Licht des *Cho ku rei* – des Kraftsymbols – in jeder Ecke. Bewegen Sie Ihren Blick zu den Wänden und stellen Sie sich vor, wie dieses Symbol auch dort erscheint. Die Symbole der Reiki-Heilung werden in Kapitel 11 ausführlicher behandelt.

5. Richten Sie Ihre Augen auf die Mitte des Raumes, wo Sie sich ein großes Harmoniesymbol – oder *Sei he ki* – vorstellen können, das im Raum über dem Boden schwebt. Je nach Ausbildungsstand und Anzahl der Einstimmungen, die Sie erhalten haben, können Sie sich ein *Dai ko myo*, das Meistersymbol vorstellen, das neben dem Harmoniesymbol schwebt.

6. Wenn Sie Ihre Visualisierung abgeschlossen haben, schließen Sie die Augen und lassen Sie sich von dem Wissen, dass Sie von Reiki-Energie umgeben sind, in einen Zustand der Entspannung versetzen. Stellen Sie sich vor, dass ihr goldenes Licht Sie umspült, während Sie im Bett liegen.

7. Danken Sie Ihren geistigen Helfern und der göttlichen Energie des Universums dafür, dass sie Sie schützen und lieben.

8. Sie können jetzt in der Gewissheit einschlafen, dass Sie von Frieden, Güte, Liebe und Sicherheit umgeben sind.

Reiki zur Emotionsregulierung

Wenn Sie sich in ständigem emotionalem Aufruhr befinden, haben Sie vielleicht Schwierigkeiten, Ihre Gefühle zu regulieren. Das ist kein Vorwurf: In einer Welt, in der die Dinge ständig in Bewegung sind, ist es unmöglich, seine Gefühle immer unter Kontrolle zu haben. Es kann jedoch zu ernsthaften Erkrankungen führen, die das tägliche Leben der Betroffenen stark beeinträchtigen. Sie können die folgenden Schritte befolgen, um eine Reiki-Selbstbehandlung durchzuführen:

1. Legen Sie sich an einen ruhigen, bequemen Ort.

2. Legen Sie den Hinterkopf in die Handflächen und lassen Sie die Ellbogen seitlich vom Gesicht fallen.

3. Atmen Sie zwei Minuten lang tief durch.

4. Stellen Sie sich vor, dass die heilende Energie aus Ihren Handflächen in Ihren Kopf eindringt und bis in Ihren Geist wandert.

5. Stellen Sie sich vor, wie diese Energie jegliche Negativität, die in Ihren Gedanken und Gefühlen gespeichert ist, freisetzt, und atmen Sie sie in die Luft um Sie herum aus.

6. Erlauben Sie dem Licht von Reiki, Ihren Geist mit Frieden und Ruhe an dem Ort zu erfüllen, an dem sich Ihr Leiden befindet.

7. Bewegen Sie nun Ihre Hände zu Ihrem Herzchakra. Leiten Sie erneut Heilenergie in diesen Raum, während Sie jeglichen Stress, jedes Trauma, jeden Schmerz und jede Schwere, die Sie empfinden, loslassen.

8. Sobald Sie bereit sind, legen Sie Ihre Hände an die Seiten Ihres Körpers und verbringen ein paar Minuten damit, Ihre Praxis zu verinnerlichen und Ihren spirituellen Helfern und dem universellen *Ki* zu danken.

9. Öffnen Sie Ihre Augen und lassen Sie sich für den Rest des Tages vom Licht und Frieden des Reiki umgeben.

Reiki für Störungen und Suchtentwöhnung

Die heutige Gesellschaft ist zu einem Nährboden für viele schwerwiegende Störungen wie Angstzustände, Depressionen, Zwangsneurosen und Sucht geworden. Sie alle äußern sich auf unterschiedliche Weise, doch gemeinsam ist ihnen die Fähigkeit, das normale Funktionieren der Betroffenen zu stören. In schweren Fällen können Medikamente notwendig sein, um solche Ungleichgewichte zu behandeln; Reiki kann jedoch als nützliche ergänzende Therapie dienen, um einige der schmerzhaften Auswirkungen dieser Störungen zu lindern:

1. Suchen Sie sich einen bequemen Platz an einem ruhigen Ort.

2. Beginnen Sie Ihre Praxis, indem Sie Ihrer Intuition und Ihren spirituellen Helfern vertrauen: Das Universum will nur das Beste für Sie, und wenn Sie eine Reise der Heilung beginnen wollen, müssen Sie sich von der Reiki-Energie leiten lassen.

3. Legen Sie Ihre linke Hand auf Ihr Stirnchakra und Ihre rechte Hand auf Ihr Herzchakra. Atmen Sie tief und natürlich ein und aus und erlauben Sie Ihrem Körper, sich zu entspannen.

4. Erinnern Sie sich an all das Leid, das Ihnen Ihre Erkrankung gebracht hat; das mag schmerzhaft sein, aber es ist wichtig, dass Sie sich dem stellen, was Sie durchgemacht haben. Folgen Sie Ihrer Intuition und erlauben Sie sich, Ihre Gefühle frei auszudrücken.

5. Stellen Sie sich jede dieser schmerzhaften Erinnerungen als eine schwarze Kugel vor; nehmen Sie jede einzelne und zeichnen Sie das Reiki-Symbol Ihrer Wahl darauf.

6. Beobachten Sie, wie das reine, weiße Licht von Reiki jede dieser Kugeln erfüllt; stellen Sie sich vor, wie sie sich in die Luft um Sie herum auflösen – und aus Ihrem Leben verschwinden.

7. Stellen Sie sich vor, Sie wären ein neuer Mensch mit einem neuen Anfang, der frei ist, sein Leben ohne Leiden oder Hindernisse zu leben. Ihr Geist ist mit Liebe und Frieden erfüllt, und Sie sind so grenzenlos wie das Universum.

8. Sagen Sie zu sich selbst: „Ich kann den Frieden, den ich jeden Tag gefühlt habe, bewahren. Ich kann ihn abrufen, wann immer ich will, und ich habe die Kontrolle über meine bewussten Gedanken."

9. Stellen Sie sich vor, dass ein Schutzsymbol auf Ihren Kopf gezeichnet wird.

10. Danken Sie der göttlichen Führung und dem universellen *Ki*. Sobald Sie bereit sind, beenden Sie die Praxis.

11. Am besten ist es, diese Meditation mindestens 21 Tage lang jeden Tag durchzuführen.

Spirituelles Abgetrenntsein

Es ist kein Geheimnis, dass wir uns von der universellen Energie, die uns alle miteinander und mit dem Kosmos verbindet, abgetrennt haben. Dieser Zustand mag nicht für jeden gleichermaßen zutreffen, aber es gibt sicherlich viele Menschen, die das Bedürfnis haben, ihren physischen Körper wieder mit ihrer inneren Energie zu verbinden und sich mit der Reiki-Energie, die das Universum ausmacht, wieder zu vereinigen. Das kann auf verschiedene Weise geschehen, aber die einfachste Methode ist, die Reiki-Energie einfach mit dem Atem in den Körper zu leiten. Dazu können Sie die folgenden Schritte befolgen:

1. Suchen Sie sich einen bequemen Sitzplatz.

2. Legen Sie die Hände so auf die Schultern, dass die Handrücken nach hinten zeigen.

3. Beginnen Sie damit, tief, aber natürlich zu atmen, bis Sie beginnen, sich ruhiger zu fühlen.

4. Öffnen Sie Ihre Intuition, und stellen Sie sich vor, wie Sie Energie von Ihren Händen in Ihre Schultern schicken.

5. Lassen Sie diese Energie von Ihren Schultern durch den Rest Ihres Körpers wandern; konzentrieren Sie sich weiterhin auf Ihren Atem.

6. Sie können auch Ihre Hände mit den Handflächen nach hinten auf Ihren Hinterkopf legen und Energie in Ihr Kronenchakra leiten.

7. Erlauben Sie sich, die Blockaden loszulassen, die Sie in Ihrem Körper spüren, und öffnen Sie sich für das universelle *Ki*.

8. Bleiben Sie so für 15 bis 20 Minuten oder bis Sie intuitiv spüren, dass Sie bereit sind, weiterzugehen.

Schlussfolgerung

Das Leben ist nicht einfach, und viele von uns werden täglich Opfer unzähliger körperlicher, geistiger und emotionaler Beschwerden. Der Stress des modernen Lebens hat seinen Tribut von der Weltbevölkerung gefordert, und mehr Menschen als je zuvor haben Grund, eine medizinische Behandlung in Anspruch zu nehmen. Trotz des historischen Erfolgs der medizinischen Industrie im heutigen Westen wenden sich viele Menschen ganzheitlichen, natürlichen und alternativen Praktiken zu, um sich und ihre Angehörigen zu heilen. Die meisten dieser Praktiken gibt es schon seit Tausenden von Jahren und sie verdienen die neue Aufmerksamkeit, die ihnen zuteilgeworden ist. Sie lehren uns, dass die Übel der Welt tiefer liegen als das, was wir an der Oberfläche sehen: Viele unserer Probleme entstehen auf einer energetischen Ebene, und nur durch eine Rückbesinnung auf das vernetzte Universum können wir dauerhafte Lösungen für die Ungleichgewichte finden, die so viel Leid verursachen. Die gute Nachricht ist, dass genau diese Energie – das universelle *Ki*, das alles Lebendige belebt und verbindet – genutzt werden kann, um jeden einzelnen von uns an einen Ort des Friedens, der Harmonie, des Gleichgewichts und der Gesundheit zu bringen.

Die Kunst des Reiki gibt es schon seit den Tagen des alten Tibet. Viele dieser Lehren gingen durch die Wirren der Geschichte verloren, aber der Heiler und Gelehrte Mikao Usui und seine Schüler brachten sie zurück, zunächst ins heutige Japan und später in den Westen. Die Lehre des Reiki besagt, dass wir uns selbst und andere heilen können, indem wir die Energie, die uns umgibt, anzapfen und das energetische Gleichgewicht in uns selbst wiederherstellen. Indem wir als Gefäße für diese Energie fungieren und sie dorthin leiten, wo sie am meisten gebraucht wird, können wir energetische Ungleichgewichte ausgleichen und unser Wohlbefinden wiederherstellen.

Um seine Schüler zu unterstützen, stellte Usui ein System auf, nach dem Reiki praktiziert werden kann. Dieses System basiert auf den fünf Lebensregeln oder *Gokai*; um Ihnen zu helfen, diese fünf Regeln in Ihr tägliches Leben zu integrieren, entwickelte er die drei Säulen des Reiki. Dies sind die *Gassho*-Meditationen, die Kunst, die Intuition durch *Reiji-ho* zu öffnen, und *Chiryo*, das Handeln. Zu den anderen östlichen Konzepten, die Usui in sein traditionelles Reiki-System und in modernere Ausbildungsmethoden einfließen ließ, gehören die Chakras oder die energetischen Zentren der *Tanden*, die *Reiju*-Einstimmungen und *Tenohira* als die Kunst der Selbstheilung. Weitere wichtige Elemente sind die fünf Reiki-Symbole und -Mantras – *Ko ku rei, Sei he ki, Hon sha ze sho nen, Dai ko myo* und *Raku* – sowie die Praktiken des *Kemyoko ho, Joshin kokyo ho* und *Seishin toitsu* zur Reinigung, Fokussierung, Erweiterung und Vereinigung von Körper, Geist und Seele. In späteren westlichen wissenschaftlichen Traditionen wurde das Prinzip des Entrainment entdeckt und verwendet, um die energetischen Interaktionen zu beschreiben, die zwischen allen Wesen der lebenden Welt stattfinden.

Sie hatten recht: Alles im Universum ist miteinander verbunden, und dies zu wissen und zu verstehen ist der Weg nach vorn, wenn Sie Ihre Macht zurückgewinnen, bessere Lebensentscheidungen treffen und mit

Ihrem höheren Selbst in Kontakt kommen wollen. Darüber hinaus ist diese Verbundenheit durch die Reiki-Energie möglich, die das gesamte Universum und das unendliche Reich, das dahinterliegt, vereint. Der Zugang zu dieser Energie ist der Schlüssel zu Gesundheit und Wohlbefinden und zu einem freudigen, friedlichen und erfüllten Leben. Wenn Sie einmal Zugang zu dieser Energie haben, werden Sie sie für immer allein durch Ihre Absicht kanalisieren können. Reiki kann Ihnen nicht weggenommen werden, noch können Sie vergessen, wie Sie sich mit dem Universum verbinden können. Sie haben nichts zu verlieren und alles zu gewinnen – und das ganze Universum ist bereit, Ihnen zu helfen, Ihr volles Potenzial zu erreichen.

Über die Autorin

Die aus einer skandinavischen Familie stammende Autorin ist in der Alternativmedizin keine Fremde. Den größten Teil ihres Lebens hat sie ihre Zeit und Energie dem Studium alter Heilmethoden und der medizinischen Weisheit neuheidnischer und okkulter Traditionen sowie anderer Kulturen gewidmet. Als Empathin ist es ihre Lebensaufgabe, ihre lebenslangen Erfahrungen mit ihren Lesern zu teilen. Als Ergebnis ihrer langjährigen Forschung hat sie ein umfassendes Wissen erlangt, das sie mit Leidenschaft an diejenigen weitergibt, die körperliche, geistige und emotionale Heilung benötigen.

Glossar

Chakren: Ein Begriff aus dem Sanskrit, der sich auf die „Räder des Lebens" bezieht. Dies sind energetische Zentren im Körper von Lebewesen, die die Energie zirkulieren lassen, die sie beleben.

Chiryo: Der japanische Begriff für „Behandlung"; er impliziert Handeln und ist die dritte Säule des Reiki-Systems von Usui.

Cho ku rei: Das Mantra für das Kraftsymbol im Reiki.

Gassho-Meditation: Eine Meditation, bei der die Hände in einer *Gassho-* oder „Gebets"-Position gehalten werden. Sie ist die erste Säule des Reiki-Systems von Usui und bildet einen integralen Bestandteil des Lebensstils eines jeden Reiki-Praktizierenden.

Gokai: Ein japanischer Begriff, der „Gebote" oder „Prinzipien" bedeutet, wie im Fall von Usuis fünf Lebensregeln des Reiki.

Joshin kokyo oder **joshin kokyu:** Eine kombinierte Meditations- und Atemübung, die darauf abzielt, einen Reiki-Heiler vor einer Sitzung zu reinigen, zu energetisieren und zu fokussieren.

Jumon: Das japanische Wort für *Mantra*; genauer gesagt ist es die kosmische Schwingung, die hervorgerufen wird, wenn ein bestimmter Klang erzeugt wird.

Kanji: Die Zeichen, die in der japanischen Schrift verwendet werden, um auf bestimmte Wörter zu verweisen.

Kenyoku ho: Eine „Trockenbadetechnik", die von Reiki-Heilern verwendet wird, um ihre Energie vor und nach einer Heilsitzung von Negativität zu reinigen.

Kototoma: Ein japanisches Wort, das sich auf den Glauben an mystische Kräfte bezieht, die den Worten innewohnen. Kann mit „Geist der Sprache" übersetzt werden.

Mantra: Mantras sind Klänge, die mit den Qualitäten der ihnen zugeordneten Chakren in Resonanz stehen. Sie werden auch als *Samen-Mantras* oder *Bija-Mantras* bezeichnet. Wenn sie gesungen werden, erzeugen sie eine einzigartige Schwingung, die die Heilung fördert.

Mudra: Eine symbolische oder heilige Geste bzw. Pose, die dazu dient, die Energie der Lebenskraft zu kanalisieren; sie kann den ganzen Körper einbeziehen – wie die Posen beim Yoga – oder wird nur mit den Händen und Fingern ausgeführt, wie es bei Hand-Mudras während einer Meditation der Fall ist.

Prana: Ein Sanskrit-Begriff, der sich auf den Atem bezieht, insofern er als Quelle lebensspendender Energie betrachtet wird.

Qi, ki und **chi:** Die Energie, die das Leben ermöglicht und für alle Lebewesen unerlässlich ist.

Rei: Das japanische Wort für „universell".

Reiju: Eine heilige Zeremonie, bei der ein Schüler durch eine Verbindung zwischen ihm, seinem Lehrer und der Reiki-Energie auf das universelle *Ki* eingestimmt wird. Direkt aus dem Japanischen übersetzt bedeutet es „spiritueller Segen".

Reiji-ho: Übersetzt bedeutet dieser japanische Begriff „Hinweis des Geistes" und bezieht sich auf die Intuition eines Reiki-Heilers und die Praxis, durch die er sich für göttliche Führung öffnen kann.

Seishin toitsu: Ein wichtiges japanisches Konzept, das in vielen Praktiken zu finden ist und bei dem es um Konzentration geht, indem Körper, Geist und Seele vereint werden.

Shirushi: Ein japanisches Wort, das „Zeichen", „Symbol" oder „Siegel" bedeutet. In Bezug auf Reiki bezieht es sich auf die fünf Symbole, die Teil von Usuis Heilsystem sind.

Tanden: Ein japanisches Wort, das sich auf das energetische Zentrum bezieht, das sich direkt unter dem Nabel des menschlichen Körpers befindet; auch bekannt als *Hara* oder *Seika-Tanden*.

Tenohira: Die Kunst der Selbstheilung, auch bekannt als Selbstbehandlung und Heilung mit den Händen, bei der man die Hände benutzt, um Energie aus dem universellen *Ki* zu den Teilen des Körpers zu leiten, wo sie benötigt wird.

Umschreiten: Das absichtliche, konzentrierte Abschreiten eines Raumes im Uhrzeigersinn, wenn man eine Räucherzeremonie durchführt.

Quellenangabe

Anderson, E. Z., & Wolk-Weiss, C. (2008). Reiki. In J. E. Deutsch & E. Z. Anderson (Eds.), *Complementary therapies for physical therapy*. Elsevier Inc.

Aulinas, A., & Arendt, J. (2000). Physiology of the pineal gland and melatonin. In K. R. Feingold, B. Anawalt, A. Boyce, G. Chrousos, W. W. de Herder, K. Dungan, A. Grossman, J. M. Hershman, H. J. Hofland, G. Kaltsas, C. Koch, P. Kopp, M. Korbonits, R. McLachlan, J. E. Morley, M. New, J. Purnell, F. Singer, C. A. Stratakis, & D. L. Trence, Eds.), Endotext [Internet].. https://www.ncbi.nlm.nih.gov/books/NBK550972/

Barrow Neurological Institute. (n.d.). *About the Pituitary gland*. Barrow Neurological Institute. https://www.barrowneuro.org/resource/about-the-pituitary-gland/

Bedosky, L. (2022, April 12). *All about Reiki: How this type of energy healing works, and its health benefits*. EverydayHealth. https://www.everydayhealth.com/reiki/

Bhogal, R. S. (2020, January 31). A scientific look at balancing your mind, body, and soul. *DaVinci Laboratories*. https://blog.davincilabs.com/blog/a-scientific-look-at-balancing-your-mind-body-and-soul

Billot, M., Daycard, M., Wood, C., & Tchalla, A. (2019). Reiki therapy for pain, anxiety and quality of life. *BMJ Supportive & Palliative Care*, 2019(9), 434–438.. https://doi.org/10.1136/bmjspcare-2019-001775

Biology Dictionary. (2017, December 8). *Muscle*. Biology Dictionary. https://biologydictionary.net/muscle/

Birchler, K. (n.d.). *Gokai: The five Reiki principles*. Sawah Jikiden Reiki Institute. https://sawah.ch/gokai-reiki-principles.php

Brouhard, R. (2022, November 20). *Understanding the 11 body organ systems*. Verywell Health. https://www.verywellhealth.com/organ-system-1298691

Burden, B., Herron-Marx, S., & Clifford, C. (2005). The increasing use of Reiki as a complementary therapy in specialist palliative care. *International Journal of Palliative Nursing, 11*(5), 248–253. https://doi.org/10.12968/ijpn.2005.11.5.248

Cambridge Dictionary. (n.d.). entrainment. In *Cambridge Dictionary*. Cambridge Dictionary. Retrieved November 15, 2022, from https://dictionary.cambridge.org/dictionary/english/entrainment

Cameron, Y. (2021, October 29). *A beginner's guide to the 7 chakras + how to unblock them*. Mindbodygreen. https://www.mindbodygreen.com/articles/7-chakras-for-beginners

Centre of Excellence. (2018, January 8). *Reiki attunement - the process and the purpose*. https://www.centreofexcellence.com/reiki-attunement-process-purpose/

Cho, A. (2022, February 8). *How to smudge your house to invite positive energy: A Feng Shui practice for clearing your home*. The Spruce. https://www.thespruce.com/how-to-smudge-your-house-1274692

Chowang, O. (2016). *Our pristine mind: A practical guide to unconditional happiness*. Shambhala.

Christiano, D. (2018, September 18). *What's the difference between ligaments and tendons?* Healthline. https://www.healthline.com/health/ligament-vs-tendon

Clarke, G. (2022, May 29). *What are chakra mantras and why should you chant them?* The Yoga Nomads. https://www.theyoganomads.com/chakra-mantras/

Clayton, M. (2012). What is entrainment? Definition and applications in musical research. *Empirical Musicology Review, 7*(1-2), 49–56. https://doi.org/10.18061/1811/52979

Cleveland Clinic. (n.d.-a). *Reiki self-treatment*. https://my.clevelandclinic.org/health/treatments/21080-reiki-self-treatment

Cleveland Clinic. (n.d.-b). *Vagina*. https://my.clevelandclinic.org/health/body/22469-vagina

Cleveland Clinic. (2022a, March 30). *Thalamus.* https://my.clevelandclinic.org/health/body/22652-thalamus

Cleveland Clinic. (2022b, April 25). *Integumentary system.* https://my.clevelandclinic.org/health/body/22827-integumentary-system

Cristian-Vital ii, V. (2015, November 14). Anatomy for Reiki. *Reiki News Magazine.* slideshare. https://www.slideshare.net/CristianVasilescu/anatomy-for-reiki

Deacon, J. (2003a). *Kenyoku ho.* James Deacon's Reiki Pages. https://www.aetw.org/d_kenyoku.htm

Deacon, J. (2003b). *Reiki - Tibetan origins?* James Deacon's Reiki Pages. https://www.aetw.org/reiki_tibetan_origins.htm

Deacon, J. (2003c, April). *The Reiki symbols: The "distant" symbol.* James Deacon's Reiki Pages. https://www.aetw.org/reiki_symbolsD.html

Deacon, J. (2003d, April). *The Reiki symbols: The "mental-emotional healing" symbol.* James Deacon's Reiki Pages. https://www.aetw.org/reiki_symbolsME.html

Deacon, J. (2003e, April). *The Reiki symbols: The "power" symbol.* James Deacon's Reiki Pages. https://www.aetw.org/reiki_symbolsP.html

Deacon, J. (2003f, April). *The Reiki symbols: The Reiki "master" symbol.* James Deacon's Reiki Pages. https://www.aetw.org/reiki_symbolsM.html

Deacon, J. (2003g, May). *Shirushi: The four Usui Reiki symbols.* James Deacon's Reiki Pages. https://www.aetw.org/reiki_symbols.html

Deacon, J. (2005a). *The choku rei trail - Interlinking threads.* James Deacon's Reiki Pages. https://www.aetw.org/reiki_symbolsP_links.htm

Deacon, J. (2005b). *The introduction of the symbols into Reiki.* James Deacon's Reiki Pages. https://www.aetw.org/reiki_symbols2.html

Deacon, J. (2005c). *The Reiki symbols: Choku rei & nao hi.* James Deacon's Reiki Pages. https://www.aetw.org/reiki_symbolsP_naohi.htm

Deacon, J. (2006). *More concerning reiju.* James Deacon's Reiki Pages. https://www.aetw.org/reiki_reiju2.htm

Delgado, J. (2016, September 19). *How we kill children's intuition.* Psychology Spot. https://psychology-spot.com/children-intuition/

Energy Healing Info. (n.d.). *Entrainment and the science of energy healing.* Energy Healing Info.https://www.iahe.com/docs/articles/entrainment-and-the-science-of-energy-healing.pdf

Estrada, J. (2019, September 7). *Reiki? I don't know her… So I had experts break down the energy healing practice.* Well+Good. https://www.wellandgood.com/how-to-do-reiki/

EurekAlert! (2022, November 30). Five precepts of Buddhism may be linked to lower depression risk. *EurekAlert!* https://www.eurekalert.org/news-releases/972288

Fox, F. (2021, December 27). *Hatsurei-ho: What it is & how to do it.* International School of Reiki. https://www.freereikicourse.com/hatsurei-ho/

Fox, F. (2022, January 10). *Reiki techniques in practicing reiju meditation.* International School of Reiki. https://www.freereikicourse.com/reiki-techniques-in-practicing-reiju-meditation/

Fraley, A. (2017, December 1). *Gassho meditation: First pillar of Reiki.* Drops of Yoga. http://dropsofyoga.com/blog/gassho-meditation-first-pillar-reiki/

Franklin, S. (2018, May 7). *Blog: A Reiki guided meditation & the 3 pillars of Reiki.* Inis LaMothe, PsyD. https://groundwaterwellness.com/2018/05/07/blog-3-pillars-of-reiki/

Frazier, K. (2018, July 9). *Engaging in the flow of Reiki through its three pillars.* Karen Frazier. https://www.authorkarenfrazier.com/blog/engaging-in-the-flow-of-reiki-through-its-three-pillars#/

Freitag, V. L., Dalmolin, I. S., Badke, M. R., & Andrade, A. de. (2014). Benefits of Reiki in older individuals with chronic pain. *Texto & Contexto - Enfermagem, 23*(4), 1032–1040. https://doi.org/10.1590/0104-07072014001850013

Gatto, R. (2018, May 31). *What these 5 systems of the body can tell us about organizations.* LinkedIn. https://www.linkedin.com/pulse/what-5-systems-body-can-tell-us-organizations-rex-gatto-ph-d-bcc/

Gilberti, T. C. (2004). Reiki: The re-emergence of an ancient healing art in modern times. *Home Health Care Management & Practice, 16*(6), 480–486. https://doi.org/10.1177/1084822304265847

Harris, N. (2014, October 15). *A new look at the five Reiki principles.* International Association of Reiki Professionals. https://iarp.org/new-look-five-reiki-principles/

Hazama, J. (1987). The characteristics of Japanese Tendai. *Japanese Journal of Religious Studies, 14*(2-3), 101–112. https://doi.org/10.18874/jjrs.14.2-3.1987.101-112

heal+h plus. (2018, May 4). *10 conditions linked to stress.* Mount Elizabeth Hospital. https://beta.mountelizabeth.com.sg/healthplus/article/health-conditions-linked-to-stress

Health Essentials. (2021, August 30). *What is Reiki, and does it really work?* Cleveland Clinic. https://health.clevelandclinic.org/reiki/

Hirsch, L. (2019, June). *Female reproductive system.* KidsHealth. https://kidshealth.org/en/parents/female-reproductive-system.html

Institute for Quality and Efficiency in Health Care. (2016, November 17). *How is body temperature regulated and what is fever?* InformedHealth.org.. https://www.ncbi.nlm.nih.gov/books/NBK279457/

Institute for Quality and Efficiency in Health Care. (2018). How does the thyroid gland work? InformedHealth.org. https://www.ncbi.nlm.nih.gov/books/NBK279388/#:~:text=The%20thyroid%20gland%20is%20a

International Association of Reiki Professionals. (2015, October 15). *Exploring Mikao Usui Reiki teachings: Part 1.* https://iarp.org/exploring-mikao-usui-reiki-teachings-part-1/

International Association of Reiki Professionals. (2017, September 24). *The Reiki attunement: A primer on this spiritual ceremony.* https://iarp.org/the-reiki-attunement-a-primer-on-this-spiritual-ceremony/

International House of Reiki. (2010a, February 19). *Hands-on healing.* https://ihreiki.com/reiki_info/five_elements_of_reiki/hands-on_healing/?v=68caa8201064

International House of Reiki. (2010b, February 19). *Reiju and attunements.* https://ihreiki.com/reiki_info/five_elements_of_reiki/reiju_and_attunements/?v=68caa8201064

International House of Reiki. (2010c, February 19). *Reiki meditations and techniques.* https://ihreiki.com/reiki_info/five_elements_of_reiki/reiki_meditations_and_techniques/?v=68caa8201064

International House of Reiki. (2010d, February 19). *Reiki Precepts*. https://ihreiki.com/reiki_info/five_elements_of_reiki/reiki_precepts/?v=68caa8201064

International House of Reiki. (2010e, February 19). *Reiki symbols and mantras*. https://ihreiki.com/reiki_info/five_elements_of_reiki/reiki_symbols_and_mantras/?v=68caa8201064

International House of Reiki. (2010f, February 20). *Reiki energetic system*. International House of Reiki. https://ihreiki.com/reiki_info/reiki_energetic_system/?v=68caa8201064

International House of Reiki. (2010g, March 4). *Earth energy*. https://ihreiki.com/reiki_info/reiki_energetic_system/earth_energy/?v=68caa8201064

International House of Reiki. (2010h, March 4). *Heavenly energy*. https://ihreiki.com/reiki_info/reiki_energetic_system/heavenly_energy/?v=68caa8201064

International House of Reiki. (2010i, March 27). *Historical Reiki inconsistencies*. https://ihreiki.com/reiki_info/reiki_history/historical_reiki_inconsistencies/?v=68caa8201064

Jacobson, J. D. (2022, October 1). *Uterus*. MedlinePlus. https://medlineplus.gov/ency/imagepages/19263.htm#:~:text=Overview

Japan Reference. (2016, May 13). *Tendai Buddhism*. https://jref.com/articles/tendai-buddhism.290/

Jayne, A. (n.d.). *Gokai: Five principles of Reiki*. Jikiden Reiki with Amanda Jayne. https://www.learnjikidenreiki.com/gokai

Johns Hopkins Medicine. (n.d.). *Adrenal glands*. Johns Hopkins Medicine. Retrieved November 19, 2022, from https://www.hopkinsmedicine.org/health/conditions-and-diseases/adrenal-glands

John Hopkins Medicine. (2020). *The parathyroid glands*. https://www.hopkinsmedicine.org/health/conditions-and-diseases/the-parathyroid-glands

John Hopkins Medicine. (2021). *The digestive process: What is the role of your pancreas in digestion?* https://www.hopkinsmedicine.org/health/conditions-and-diseases/the-digestive-process-what-is-the-role-of-your-pancreas-in-digestion

Judith, A. (2016). *Wheels of life: A user's guide to the chakra system*. Llewellyn Publications.

Jules. (2010, February 10). *Japanese Reiki 2 jyoshin koki-ho. Gassho. Seishin toitsu. Reiki principles. Mokunen.* Jules Blogger. https://jules1961.wordpress.com/2010/02/10/japanese-reiki-techniques-2-jyoshin-koki-ho-gassho-seishin-toitsu-reiki-principles-mokunen/

Kawano, Y. (2011). Spirituality and indigenous knowledges: Study of kototoma and decolonization in the school system. In N. N. Wane, E. L. Manyimo, & E. J. Ritskes (Eds.), *Spirituality, Education & Society* (pp. 97–110). Brill. https://brill.com/display/book/edcoll/9789460916038/BP000008.xml

Kryak, E., & Vitale, A. (2011). Reiki and Iits journey into a hospital setting. *Holistic Nursing Practice, 25*(5), 238–245. https://doi.org/10.1097/hnp.0b013e31822a02ad

Lambrou, D. (2020, May 8). *Important nerves in the body and what they do.* Northeast Spine and Sports Medicine. https://www.northeastspineandsports.com/blog/important-nerves-in-the-body-and-what-they-do/

Langlais, S. (2020, November 20). *A Reiki master on how to prepare for & unwind after a session.* mindbodygreen. https://www.mindbodygreen.com/articles/what-to-do-before-after-your-reiki-session

Liachovitzky. (2020). *Human anatomy and physiology preparatory course.* Libre Texts. https://med.libretexts.org/Bookshelves/Anatomy_and_Physiology/Book%3A_Human_Anatomy_and_Physiology_Preparatory_Course_(Liachovitzky)/05%3A_Higher_Levels_of_Complexity-_Organs_and_Systems/5.01%3A_Organs_and_Systems_of_the_Human_Organism

Locke, L. (2012, January 11). The dangers of Reiki. *Catholic Answers.* https://www.catholic.com/magazine/print-edition/the-dangers-of-reiki

Lotus, G. (n.d.). *Reiki really works: A groundbreaking scientific study.* In *Hub Pages.* https://cdn.elebase.io/dbcc75a2-4b9f-4a0e-8e4b-cfa273624e10/6c766633-0ca4-4d05-bc4d-1f485bed2e9a-reiki_really_works-a_groundbreaking_scientific_study.pdf

Mailoo, V. J. (2002). A brief introduction to Reiki. *British Journal of Therapy and Rehabilitation, 9*(5), 190–193. https://doi.org/134.115.005.047

Mason, S. (2010). *Spiritual healing: What is it? Does it work and does it have a place in modern healthcare?* https://www.rcpsych.ac.uk/docs/default-source/members/

sigs/spirituality-spsig/su-mason-spiritual-healing-in-modern-healthcare-x.
pdf?sfvrsn=4fc21449_2%20(-%20this%20one%20has%20a%20great%20
explanation)

Mayo Clinic. (n.d.). *Gallstones*. Mayo Clinic. Retrieved November 19, 2022, from
https://www.mayoclinic.org/diseases-conditions/gallstones/symptoms-causes/
syc-20354214

McCartney, F. (n.d.). *Intuitive children*. Academy of Intuition Medicine. Retrieved
February 6, 2023, from https://intuitionmedicine.org/intuitive-children/

McManus, D. E. (2017). Reiki is better than placebo and has broad
potential as a complementary health therapy. *Journal of Evidence-Based
Complementary & Alternative Medicine, 22*(4), 1051–1057. https://doi.
org/10.1177/2156587217728644

Medline Plus Medical Encyclopedia. (n.d.). *Hypothalamus*. A.D.A.M., Inc. Retrieved November 19, 2022, from https://medlineplus.gov/ency/article/002380.
htm#:~:text=The%20hypothalamus%20is%20an%20area

Melton, J. (2014, November 16). *Guided meditation after a
Reiki attunement*. Reiki Rays. https://reikirays.com/16395/
guided-meditation-for-after-a-reiki-attunement/

Merriam-Webster. (n.d.-a). Attune. In *Merriam-Webster.com dictionary*. Retrieved
February 6, 2023, from https://www.merriam-webster.com/dictionary/attune

Merriam-Webster. (n.d.-b). Symbol. In *Merriam-Webster.com dictionary*. Retrieved
November 23, 2022, from https://www.merriam-webster.com/dictionary/
symbol

Miles, P. (2011, January 1). *How to practice Reiki self-treatment*. Reiki
Medicine & Self Care. https://reikiinmedicine.org/daily-practice/
how-to-practice-reiki-self-treatment/

Mind Tools. (2019). *Using affirmations: Harnessing positive thinking*. https://www.
mindtools.com/pages/article/affirmations.htm

Morero, J. A. P., Pereira, S. de S., Esteves, R. B., & Cardoso, L. (2021). Effects of
Reiki on mental health care: A systematic review. *Holistic Nursing Practice,
35*(4), 191–198. https://doi.org/10.1097/hnp.0000000000000456

National Institute of Diabetes and Digestive and Kidney Diseases. (2018, June). *Your kidneys & how they work.* https://www.niddk.nih.gov/health-information/kidney-disease/kidneys-how-they-work

Nicole, A. (2020). *Gassho meditation.* Insight Timer. https://insighttimer.com/spiritofnorton/guided-meditations/gassho-meditation-12mins

Nield-Anderson, L., & Ameling, A. (2000). The empowering nature of Reiki as a complementary therapy. *Holistic Nursing Practice, 14*(3), 21–29. https://journals.lww.com/hnpjournal/Abstract/2000/04000/The_Empowering_Nature_of_Reiki_as_a_Complementary.6.aspx

Ohlenkamp, N. (n.d.). *Seishin toitsu: Concentration in Judo training.* Judo Info. https://judoinfo.com/concentration/

Parikh, D. (2018, February 6). *Reiki to heal OCD.* Reiki Rays. https://reikirays.com/40490/reiki-heal-ocd/

Patel, K. (2022, July 26). *Reiki healing for beginners.* Goop. https://goop.com/wellness/spirituality/reiki-for-beginners/

Patel, K. J. (2017, August 9). *How to use Reiki to calm anxiety.* mindbodygreen. https://www.mindbodygreen.com/articles/reiki-healing-for-anxiety

Phillips, C. (2021, December 28). *What is reiji-ho, and how to do it?* International School of Reiki. https://www.freereikicourse.com/reiji-ho/

Pikörn, I. (2020, June 1). *What prana is and how to feel it.* Insight Timer Blog. https://insighttimer.com/blog/what-is-prana/

Powell, C. (2012, August 11). *Mikao Usui, Reiki founder.* Reiki, Medicine & Self Care. https://reikiinmedicine.org/popular/mikao-usui-reiki-healing/

Powers, L. (2017, August 24). *Did Dr. Usui use hand positions with Reiki?* Online Reiki with Lisa Powers. https://onlinereikicourse.com/dr-usui-use-hand-positions-reiki/

Price, N. J. (2019a, September 29). Universal symbols: The calming sei he ki. *Kindred Spirit Magazine.* https://kindredspirit.co.uk/2019/09/29/universal-symbols-the-calming-sei-he-ki/

Price, N. J. (2019b, October 27). Universal symbols: The grounding fire symbol raku. *Kindred Spirit Magazine.* https://kindredspirit.co.uk/2019/10/27/universal-symbols-the-grounding-fire-symbol-raku/

Rand, W. (2012, September 1). *Giving an advanced Reiki session.* The International Center for Reiki Training. https://www.reiki.org/articles/giving-advanced-reiki-session

Rand, W. (2014, March 10). *Reiki before Usui.* The International Center for Reiki Training. https://www.reiki.org/articles/reiki-usui

Rand, W. L. (2001, December 19). *Strengthen your Reiki energy.* The International Center for Reiki Training. https://www.reiki.org/articles/strengthen-your-reiki-energy

Rand, W. L. (2004, January 1). *Kenyoku, dry bathing.* The International Center for Reiki Training. https://www.reiki.org/articles/kenyoku-dry-bathing

Rand, W. L. (2014a). *An evidence based history of Reiki: A selection of articles from Reiki News Magazine.* International Center For Reiki Training.

Rand, W. L. (2014b, October 15). *What is the history of Reiki?* The International Center for Reiki Training. https://www.reiki.org/faqs/what-history-reiki

Rapport, L. (2022, September 12). *Cancer cases rising "dramatically" in adults under 50.* Everyday Health. https://www.everydayhealth.com/cancer/cancer-cases-rising-dramatically-in-adults-under-fifty/

Rataic, T. (2017, June 13). *How to do gassho meditation.* The Reiki Guide. https://thereikiguide.com/gassho-meditation/

Reiki Info. (n.d.). *Dai ko myo - The great shining light.* https://www.reiki.info/World/English/Reiki-Symbols/Dai-Ko-Myo-Reiki-Master-Symbol.htm

Reiki Therapy Resources. (2018, March 10). *Using Reiki to deal with anger.* https://www.reikitherapyresources.com/reiki-anger/

ReikiJane. (2020, July 27). *Using your intuition with Reiki - Reiji-ho: Treating humans and horses.* Reiki Jane. https://www.reikijane.co.uk/using-your-intuition-with-reiki-reiji-ho-treating-humans-and-horses-2/

Reshel, A. (2016, June 15). *The Tibetan science of healing.* Uplift. https://uplift.love/the-tibetan-science-of-healing/

Reville, W. (2011, February 17). The pseudoscience of creating beautiful (or ugly) water. *The Irish Times.* https://www.irishtimes.com/news/science/the-pseudoscience-of-creating-beautiful-or-ugly-water-1.574583

Rhys, D. (2020a, August 25). *Raku symbol - meaning and importance.* Symbol Sage. https://symbolsage.com/raku-symbol-meaning-significance/

Rhys, D. (2020b, August 26). *Hon sha ze shon nen - Meaning and uses of this Reiki symbol.* Symbol Sage. https://symbolsage.com/hon-sha-ze-sho-nen-reiki-explained/

Robertson, A. (n.d.). *Raku Kei Reiki: The way of the Fire Dragon.* Reiki Online. https://reikionline.info/products/raku-kei-reiki-the-way-of-the-fire-dragon

Rosenbaum, L. (2020, July 31). *Reiki 101: Everything you need to know about this energy healing practice.* Yoga Journal. https://www.yogajournal.com/lifestyle/reiki-101/

Sadhguru. (2015). *Body: The greatest gadget.* Jaico Publishing House.

Saling, J. (2021, August 23). *Pain types and classifications.* WebMD. https://www.webmd.com/pain-management/guide/pain-types-and-classifications

Shah, P. (2018, August 30). *How reiju transformed my practice.* Reiki Rays. https://reikirays.com/43684/how-reiju-transformed-my-practice/

Shah, P. (2020, October 6). *I'm a Reiki master, and here's how I practice self-healing on a regular basis.* Well+Good. https://www.wellandgood.com/reiki-self-healing/

Shah, P. (2021, December 15). *Try this: A Reiki meditation to balance earthly and heavenly energies.* Chopra. https://chopra.com/articles/try-this-a-reiki-meditation-to-balance-earthly-heavenly-energies

Shah, P. (2022, August 24). *The essential guide to Reiki attunements: Levels 1, 2 and 3.* Parita Shah Healing. https://paritashahhealing.com/reiki-attunements/

Shevchuk, D. (2011, November 11). Reiji-ho: The Reiki prayer. *Find Your Way Home Holistic Healing.* https://findyourwayhome.ca/140/reiji-ho-the-reiki-prayer/

Shirleytwofeathers. (2019, February 20). *Reiji-ho and chiryo.* Twofeathers Reiki. https://shirleytwofeathers.com/The_Blog/twofeathersreiki/reiji-ho-and-chiryo/

Shrivastava, A. (2022, January 18). *Reiki sleep technique.* Reiki Rays. https://reiki-rays.com/91740/reiki-sleep-technique/

Sōhō T. (1988). *The unfettered mind: Writings of the Zen master to the sword master* (W. S. Wilson, Trans.). Kodansha. (Original work published 1986)

Stelter, G. (2016, October 4). *A beginner's guide to the 7 chakras and their meanings*. Healthline. https://www.healthline.com/health/fitness-exercise/7-chakras#The-takeaway

Steine, B., & Stiene, F. (2005). *The Japanese art of Reiki*. O Books.

Steine, B., & Stiene, F. (2008, July 14). *Are the Reiki precepts affirmations?* International House of Reiki. https://ihreiki.com/blog/are_the_reiki_precepts_affirmations/?v=68caa8201064

Steine, B., & Steine, F. (2011, September 9). *The energetic system*. International House of Reiki. https://ihreiki.com/blog/the_energetic_system/?v=68caa8201064

Steine, F. (2015a, February 18). *Reiju - giving and receiving, together as one*. International House of Reiki. https://ihreiki.com/blog/reiju_-_giving_and_receiving_together_as_one/?v=68caa8201064

Steine, F. (2015b, August 11). *The roots of the system of Reiki*. International House of Reiki. https://ihreiki.com/blog/the_roots_of_the_system_of_reiki/?v=68caa8201064

Steine, F. (2016, November 10). *Insights into jōshin kokyū hō*. International House of Reiki. https://ihreiki.com/blog/insights_into_jshin_kokyuu_h/?v=68caa8201064

Streich, M. (2009). The story of Dr. Chujiro Hayashi. *Reiki News Magazine*, 40–53. https://www.reiki.org/sites/default/files/StoryOfChujiroHayashi.pdf

Sunrise Reiki Centre. (2015, June 15). *Reiki lineages & systems*. https://sunrisereiki-centre.com/about-reiki/reiki-lineages-systems/

Suttkus, L., & Suttkus, J. (2011). *Reiju Reiki*. Ascension Reiki. https://www.ascension-reiki.com/ReijuReiki.html

Takase, E. (1999, January). *Seishintoitsu*. Takase Studios. https://www.takase.com/library/seishintouitsu-concentration-of-mind/

TanDen Concepts. (n.d.). *What is TanDen?* http://www.tandenconcepts.com/blog/?page_id=576

TaosHerbCo. (n.d.). *About sacred herbs and smudging ceremonies*. TaosHerbCo. https://www.taosherb.com/store/sacred-herbs.html

Thapa, P., & Farber, D. L. (2019). The role of the thymus in the immune response. *Thorac Surg Clin.*, *29*(2), 123–131. https://doi.org/10.1016/j.thorsurg.2018.12.001

Thaut, M. H. (2015). The discovery of human auditory–motor entrainment and its role in the development of neurologic music therapy. *Progress in Brain Research*, *217*(2015), 253–266. https://doi.org/10.1016/bs.pbr.2014.11.030

The International Center for Reiki Training. (2015a, March 17). *Anatomy for Reiki - English*. https://www.reiki.org/resources/anatomy-reiki-english

The International Center for Reiki Training. (2015b, September 14). *Learn the Usui principles in Japanese*. https://www.reiki.org/learn-usui-principles-japanese

The Reiki Guild. (n.d.). *A history of reiki*. https://www.thereikiguild.co.uk/topics/13-history-of-reiki

University of Michigan Health. (2022). *Parathyroid disorders*. Michigan Medicine. https://www.uofmhealth.org/conditions-treatments/endocrinology-diabetes-and-metabolism/parathyroid-disorders

University of Minnesota. (n.d.). *Where does Reiki come from?* University of Minnesota.https://www.takingcharge.csh.umn.edu/where-reiki-from

Urdinlaiz, D. (2021, November 12). *Reiki symbols and their powerful meanings*. Thought Catalog. https://thoughtcatalog.com/daniella-urdinlaiz/2021/11/reiki-symbols/

vanderVaart, S., Gijsen, V. M. G. J., de Wildt, S. N., & Koren, G. (2009). A systematic review of the therapeutic effects of Reiki. *The Journal of Alternative and Complementary Medicine*, *15*(11), 1157–1169. https://doi.org/10.1089/acm.2009.0036

Vitale, A. (2007). An integrative review or Reiki touch therapy research. *Holistic Nursing Practice*, *21*(4), 167–179. https://doi.org/10.1097/01.hnp.0000280927.83506.f6

Vorvick, L. J. (2020, August 13). *Tendon vs. ligament*. MedlinePlus. https://medlineplus.gov/ency/imagepages/19089.htm

Weingus, L. (2018, May 8). *Reiki symbols & their meanings: Everything you need to know*. Mindbodygreen. https://www.mindbodygreen.com/articles/reiki-symbols-meanings

Wilson, M., & Cook, P. F. (2016). Rhythmic entrainment: Why humans want to, fireflies can't help it, pet birds try, and sea lions have to be bribed. *Psychonomic Bulletin & Review, 23*(6), 1647–1659. https://doi.org/10.3758/s13423-016-1013-x

WordHippo. (2022). *What does 印 (Shirushi) mean in Japanese?* https://www.wordhippo.com/what-is/the-meaning-of/japanese-word-50c9aa8612bc8594dc095f-f7aabff3410fecc718.html

World Health Organization. (2022, June 8). *Mental disorders.* https://www.who.int/news-room/fact-sheets/detail/mental-disorders

Yasuka. (2021, June 23). *Understanding kanji and kana.* KCP International. https://www.kcpinternational.com/2021/06/15398/

Yogapedia. (n.d.). *Definition - what does chakra mantra mean?*https://www.yogapedia.com/definition/11152/chakra-mantra

Yogapedia. (2020, September 10). *Definition - what does mudra mean?* https://www.yogapedia.com/definition/5027/mudra

Zins, S., Hooke, M. C., & Gross, C. R. (2018). Reiki for pain during hemodialysis: A feasibility and instrument evaluation study. *Journal of Holistic Nursing, 37*(2), 148–162. https://doi.org/10.1177/0898010118797195